印象珠城系列丛书

珠光闪烁

传承大禹精神

魏国彬◎主　编

安徽师范大学出版社
ANHUI NORMAL UNIVERSITY PRESS
·芜湖·

图书在版编目(CIP)数据

珠光闪烁　传承大禹精神 / 魏国彬主编. — 芜湖:安徽师范大学出版社,2024.1
(印象珠城系列丛书)
ISBN 978-7-5676-6507-1

Ⅰ.①珠… Ⅱ.①魏… Ⅲ.①禹—人物研究 Ⅳ.①K827=1

中国国家版本馆CIP数据核字(2023)第225783号

珠光闪烁　传承大禹精神　　魏国彬◎主编
ZHUGUANG SHANSHUO CHUANCHENG DAYU JINGSHEN

责任编辑:阎　娟　　责任校对:刘　翠
装帧设计:张　玲　冯君君　　责任印制:桑国磊
出版发行:安徽师范大学出版社
芜湖市北京中路2号安徽师范大学赭山校区　　邮政编码:241000
网　　址:http://www.ahnupress.com/
发 行 部:0553-3883578　5910327　5910310(传真)
印　　刷:苏州市古得堡数码印刷有限公司
版　　次:2024年1月第1版
印　　次:2024年1月第1次印刷
规　　格:700 mm×1000 mm　1/16
印　　张:14.75　　插页:7
字　　数:226千字
书　　号:ISBN 978-7-5676-6507-1
定　　价:58.00元

创业篇

大禹浴足石

圣泉和灵泉

禹锁无支祁

创新篇

劈山导淮

禹王食螃蟹

禹凿龙门

自律篇

大禹自责

五音听治

仪狄造酒

大禹会诸侯

禹娶涂山氏

征伐三苗

焦山斩锡

禹创五刑

禹斩防风氏

爱国篇

大禹治水

三过家门而不入

禹王锁蛟龙

总　序

党的十八大以来，思政课作为立德树人关键课程的地位和作用日益凸显，思政课守正创新进入新发展阶段。2019年3月18日，习近平总书记主持召开学校思想政治理论课教师座谈会并发表重要讲话，强调思政课作用不可替代，思政课教师队伍责任重大。习近平总书记还指出，在大中小学循序渐进、螺旋上升地开设思政课非常必要，是培养一代又一代社会主义建设者和接班人的重要保障。2021年3月6日，习近平总书记在看望参加全国政协会议的医药卫生界、教育界委员时指出："'大思政课'我们要善用之，一定要跟现实结合起来。"2022年4月25日，习近平总书记考察中国人民大学，强调指出思政课的本质是讲道理，要注重方式方法，把道理讲深、讲透、讲活。党的二十大报告指出要"推进大中小学思想政治教育一体化建设"。2023年5月29日，中共中央政治局就建设教育强国进行第五次集体学习，习近平总书记再次强调，培养什么人、怎样培养人、为谁培养人是教育的根本问题，也是建设教育强国的核心课题。他指出要坚持改革创新，推进大中小学思想政治教育一体化建设，提高思政课的针对性和吸引力。习近平总书记关于思政课建设的重要论述以及重要指示批示精神为思政课守正创新提供了根本遵循。

安徽财经大学在安徽省委教育工委、省教育厅支持指导下，坚持不懈用习近平新时代中国特色社会主义思想铸魂育人，贴近实际、贴近生活、贴近学生，加快构建"大思政"工作格局，先后参与推动蚌埠市联合马克思主义学院成立与建设，建立安徽省学校思政课教师研学基地，牵头成功申报教育部大中小学思政课一体化共同体，持续深化思政课教·习·学综合改革与创新，把思政小课堂同社会大课堂结合起来，取得了显著成效。一是坚持统筹带动与示范引领结合，强化工作主动。与蚌埠市委宣传部共建安徽省学校思政课教师研学基地，与蚌埠市委教育工委共建蚌埠市大中小学思政课一体化建设研究院，不断推动马克思主义学院内涵建设。二是坚持系统协同与平台联动结合，强化保障支撑。与金寨县、固镇县、凤阳县、怀远县、绩溪县、泾县等地加强联动，聚焦高校、地方、中小学校思想政治教育一体化，推进协同育人，与中小学校、特色场馆共建30余家协同创新中心。三是坚持师资队伍建设与实践基地建设结合，强化“大思政课”特质。成立大中小学思政课教师教学创新联合体，构建“大思政课”师资库，与安徽金寨干部学院、大包干纪念馆等单位共建实践教学基地，推动校地师资合作，开发30余门实践课程，建设“大思政课”数字资源库。四是坚持深入研究与广泛实践结合，强化地域特色。深化理论探究，围绕大禹精神、红色文化、道德模范、非物质文化遗产等“大思政课”主题积累了丰富的研究成果。理实互动，组织开展思政课“家”“国”主题实践系列活动，促进“大思政课”有效赋能人才培养。同时面向全国，与北京、上海、江西、江苏、内蒙古、新疆等地相关单位密切协作，携手推动“大思政课”建设。

蚌埠市域丰富的实践育人资源为深化开展“大思政课”建设提供了契机。作为淮河文化发祥地之一，距今7300年前双墩文化遗址出土的刻画符号，被确认为中国文字的重要起源之一；治水英雄大禹在此劈山导淮、召会诸侯；流传至今的汉民族最具代表性的民间舞蹈——花鼓灯，被周恩来总理誉为“东方芭蕾”，列为国家第一批非物质文化遗产；拉开了中国农村改革的序幕，孕育了“敢闯、敢试、敢为人先”的“大包干精神”，被誉为中国农村改革第一村的小岗村；等等。悠久的岁月为这座城市积淀了深厚的底蕴，而历史的风云则在此掀起了更具时代特征的红色文化浪潮。基于良好的前期工作基础，我们着手谋划编写系列丛书，力图通过深度挖掘和总结这些资源，为“大思政课”育人提供“珠城”的特色版本，为传承红色基因提供蚌埠读本，为全省各地深化开展“大思政课”实践教学基地建设以及推进大中小学思政课一体化提供可资借鉴的经验和模式。

本丛书分不同主题，计划三年内出版《珠光闪烁 传承大禹精神》《珠联玉映 传承红色基因》《珠玉在傍 感受榜样力量》《孕沙成珠 品味非遗魅力》《珠城之韵 体验文化之旅》等。丛书既是安徽省学校思政课教师研学基地建设的重要内容，也是教育部大中小学思政课一体化共同体建设的阶段性成果，同时得到安徽财经大学重大教改项目的支持，既可以作为思政课教师备课、培训的读本，也可以作为大中小学学生校本教材使用，同时也为各界人士了解蚌埠，感受淮河流域特色文化提供了参考。

丛书的编写能够顺利开展，得到了安徽财经大学虞宝桃书记和朱红军校长等领导的关心指导，得到了蚌埠市相关部门的大力支持，在驻蚌各高校马克思主义学院通力合作下，成立编写委员会，制订编写计划，推动相关工作。还要特别指出的是，安徽师范大学出版社对本丛书高度重视，在立项指导、编辑出版等方面给予了大力支持，在此一并表示感谢。当然，印象珠城系列丛书（“大思政课”）是我们边探索边推进的成果，涉及大量的素材，牵涉相当的人力，各书主编及其团队成员虽用心用力，但也很难全面反映“珠城”蚌埠乃至淮河流域应有的精神内涵和文化气质，不足之处在所难免，拜请各界人士赐教并批评指正。

是为序。

2023年12月

序

当拿到魏国彬教授主编的《珠光闪烁 传承大禹精神》这本书的书稿时，我还是很欣喜的。我并不认识魏国彬教授，他的慕名请求让我很欣喜；他立足本地特色文化资源，挖掘大禹文化德育价值，这种课程思政的视角让我很欣喜；他组织研究生收集资料，撰写书稿，以实际行动贯彻立德树人根本任务，这种课程思政的做法让我很欣喜。

习近平总书记多次指出，要讲好中国故事，传播好中国声音。我想，这句话可以运用到我们的德育上来，运用到我们的课程思政建设上来，运用到贯彻立德树人的根本任务上来。讲好中国故事，贯彻立德树人根本任务，魏国彬教授的这本著作就是一个很好的案例。

讲好中国故事，需要聚焦中华优秀传统文化，挖掘地方特色文化资源，讲好能够传承中华民族精神的中国故事。在中华民族5000余年的历史中，体现中华民族精神的中国故事灿若星辰，不可胜数。愚公移山的故事，毛泽东同志就曾经讲过，目的在于向全党全国人民讲清楚“下定决心，不怕牺牲，排除万难，争取胜利”的决心和意志。毛泽东同志是我们讲好中国故事的典范，他善于利用不同渠道和形式向世界讲述中国故事。魏国彬教授学习了毛泽东同志讲好中国故事的做法，讲中国古代的神话故事，通过大禹治水神话讲述大禹精神，通过大禹精神讲好中华民族精神。选择好的中国故事，讲述好的中国故事，在讲述好的中国故事的基础之上弘扬中华民族精神，只有这样，我们的课程思政才能真正达到立德树人的效果。

讲好中国故事，需要聚焦大学课程思政建设，结合“三全育人”的工作要求，讲好能够传承中华民族文化的中国故事。讲好故事，我国民间有传统。老百姓喜欢听评书，因为评书艺人将故事讲得有声有色；老百姓喜欢听传说故事，因为民间传说能够触景生情，激发老百姓对地方风物的好奇心；老百姓喜欢听英雄传奇，因为英雄传奇能够在婚姻、丧葬、祭祀等民俗仪式的现场氛围中引起共鸣，触发老百姓对英雄人物的崇敬之情。几千年来，我们的民间讲述仍然有效，仍然有听众，仍然在发挥培养老百姓思想品德的作用。几千年来，我们的老百姓没有德育这一门课程，但是，我们的普通老百姓依然有思想，有品行，有境界。为什么？因为我们的中华文化有讲好故事的传统，有故事载道的传统。魏国彬教授继承了我国讲故事传统，讲好中国德育故事，从人文景观介绍到大禹故事讲述，再到大禹精神的深度解读，从不同侧面来讲述大禹精神的同一个主题，最终达到潜移默化的立德树人效果。

讲好中国故事，需要聚焦思想政治教育研究，开拓创新讲故事的方法，讲好能够弘扬中华民族思维方式的中国故事。中华民族的思维方式是注重整体思维，追求与时俱进的思维创新，讲究不同空间的本土差异。大禹治水神话本身就是这种民族思维方式的体现。鲧禹治水，疏堵故事对比讲述，突出思维转型和方法创新。魏国彬教授能够活学活用，将故事讲述方法的思维创新运用到本书的构思与写作之中，开辟了传统故事讲述的一个新方向，这就是整体架构的理论体系化与故事主题的讲述多样化。绪论“大禹精神的千年传承”是对本书理论框架的整体阐述，阐述清楚了大禹精神的文化结构与层次系统。作为大禹精神的六个侧面，创业、创新、自律、团结、法治和爱国这六部分是按照文化结构与层次系统、可视化思维进行安排的，从眼前之景到故事讲述再到精神解读，由外而内，由浅入深，在理解故事内涵的基础之上又能够把握大禹精神的内在本质，故事讲述方法更具有理性意味了。讲好中国故事，贯彻立德树人根本任务，理论阐释与故事讲述相结合，整体把握与微观剖析相结合，魏国彬教授这种创新的故事讲述方法为立德树人的思想政治教育研究提供了新的探索范式。

作为“大思政课”特别是课程思政建设的研究成果，讲好中国故事，贯彻立德树人根本任务，魏国彬教授的这种探索是有价值的。不过，这种研究成果如何运用，在推动课程思政建设过程中如何发挥它的最大作用，我们还需拭目以待。

是为序。

路丙辉

2022 年 7 月 28 日

目　录

绪　论

创业篇

创新篇

绪　论

大禹精神的千年传承

铸牢中华民族共同体意识，一个绕不开的议题就是中华民族共同体意识与中华民族精神的关系。意识是精神在内在观念上的体现，精神是意识在外部行动中的体现。铸牢中华民族共同体意识，不仅要在观念上加强认识，还要在行动上予以践行。在持续深度关注大禹文化的历程中，我们越来越深刻认识到大禹治水在构建中华民族共同体上所具有的历史价值，我们越来越深刻认识到大禹精神在铸牢中华民族共同体意识上所发挥的作用。作为中华民族精神的源头，大禹精神是怎样产生的，是怎样形塑中华民族精神的，它将怎么样继续发挥作用，我们还需要深入探索与阐释。为此，我们将把大禹精神放置到中华民族5000多年的历史长河中进行审视，聚焦大禹精神的历史起源和产生逻辑，阐述大禹精神的传承方式和育人路径，展望大禹精神厚德载物的未来愿景。

一、大禹精神千年传承的逻辑起点

大禹精神是中华文明特定历史阶段的结晶，是新石器时代中华先民征服自然的实践产物。在4000多年前，中华大地气候异常，洪水滔天，万民身陷水深火热之中。舜派鲧治水，九年而不得，鲧被流放到位于东夷之地的羽山。大禹继承父志，十三年跋涉，足迹踏遍黄河、淮河和长江三大流域，每到一处就造福一方。大禹三过家门而不入，开拓创新，改父亲的围堵筑堤治水策略为以疏通河道为主的治水策略，终于取得成功。从大禹治水遗迹的地理空间分布来看，大禹治水不仅是中华民族历史上第一次最为重大的水利工程，也是中华民族新石器时代的重大历史事件。在中华先民治理水患的伟大壮举中，大禹的治水意识和精神超越先辈，给时人留下深刻印象，被誉为治水英雄，赢得治水联盟的统帅和领袖地位①。在新石器时代，大禹带领中华先民在征服自然、治理水患的历史进程中体现出的精神不仅代表了治水先民当中的先进榜样所具有的精神，而且还代表了中华先民的集体精神，因此，大禹精神可以看作是以中华先民的杰出榜样大禹来命名的中华民族精神。大禹精神不仅是凝聚构建中华民族共同体的原型意识，而且还是中华民族精神不断完善、升华和发展的历史起点。

在大禹精神的内涵概括上，研究者仁者见仁，智者见智，他们会因认识不同而概括不同。有的学者认为，大禹精神主要体现为忧国忧民、公而忘私的奉献精神，胼手胝足、劳身焦思的奋斗精神，尊重自然、因势利导的科学精神，造井示民、严明法纪的法治精神，以身为度、以声为律的律己精神②。有的学者还梳理了大禹精神的“三方面说”“四方面说”“五方面说”“六方面说”“八方面说”甚至“十方面说”。这些林林总总的说法“虽然从表面上看丰富了大禹精神的内涵，但实际上却是‘遮蔽’了大禹精神的基本价值，使得大禹精神变得泛泛而谈，其实是不利于大禹精神的传承和发扬的”③。为了阐述清楚大禹精神的丰富内涵，我们将立足于大禹治水这一重大历史事件，以文化系统论为理论视角，将大禹精神的产生逻辑和具体内涵结合起来进行阐述。法国文化人类学家列维-斯特劳斯把文化视作系统，认为文化是由彼此关联、彼此相互依赖的习惯性反应方式所组成的系统。文化学者周洪宇、俞怀宁和程继松在《文化系统论纲——文化学系列研究之二》中提出：“所谓文化系统，就是人类的活动（劳动

① 参见沈长云：《禹治洪水问题辨析——兼析豳公盨铭有关禹治水内容》，中国社会科学院古代文明研究中心、安徽省文化厅、蚌埠市人民政府编著：《禹会村遗址研究：禹会村遗址与淮河流域文明研讨会论文集》，北京：科学出版社，2014年，第221页。

② 参见沈才土主编：《公祭大禹陵》，杭州：浙江人民出版社，1996年，第2页。

③ 刘训华主编：《大禹文化学概论》，武汉：武汉大学出版社，2012年，第74页。

实践）方式以及由人类的活动所创造的全部产物的系统。”[①]他们认为，物质文化、制度文化和精神文化构成文化系统的三大子系统。文化学者赵仲牧指出，文化具有层次性，由表层的物质文化、中层的行为文化和深层的观念文化构成[②]。根据这种文化系统论，我们把大禹精神的产生放置到当时大禹治水的历史大环境当中，剖析大禹精神的三层文化结构，即物质层面的创业创新精神，行为层面的自律、团结和法治精神，观念层面的爱国奉献精神。

大禹治水的物质层面主要是指客观的自然界，反映人与自然的关系。在人与自然的关系上，中华先民是改造征服自然界的主体，自然界是被改造征服的客体，主体和客体通过劳动实践建立这种改造征服关系。作为被改造征服的客体，黄河、淮河和长江的滔滔洪水是中华先民面临的严峻挑战，积石山、荆涂山、龙门山等是中华先民需要克服的巨大困难。《尚书·禹贡》详细介绍了大禹治理过的“三山八水”。“三山”是指围着三条大江大河疏导治水所开凿的山脉：一是疏导黄河，开凿岍山、岐山、荆山等沿河之山；二是疏导淮河，开凿西倾山、太华山、桐柏山等沿淮之山；三是疏导长江，开凿岷山、衡山、敷浅原等沿江之山。“八水”是指治水疏通的八条主要河流：一是弱水，二是黄河，三是漾水，四是长江，五是沇水，六是淮水，七是渭水，八是洛水[③]。在这个过程中，大禹披荆斩棘，胼手胝足，劳身焦思，体现出艰苦奋斗的创业精神。从劳动实践的角度来看，劳动工具是否适合治水需要，劳动方法是否符合治水实际，这些在劳动技术层面的物质因素也会影响治水进程。为了克服这些阻碍因素，中华先民在劳动实践中会改进劳动工具，会改变劳动方法，会突破陈旧思维，在他们的身上会体现出因势利导、务实开拓的科学创新精神。因此，劳动主体自身的艰苦创业精神和施加于劳动工具和方法的科学创新精神就

① 周洪宇、俞怀宁、程继松：《文化系统论纲——文化学系列研究之二》，《华中师范大学学报》（哲学社会科学版），1988年，第6期，第5页。

② 参见赵仲牧：《一种文化构造理论及其研究方法的模型》，张文勋主编：《民族文化学论集》，昆明：云南大学出版社，1993年，第27—56页。

③ 参见王世舜、王翠叶译注：《尚书》，北京：中华书局，2012年，第77—86页。

是大禹治水在物质层面所凝结出的大禹精神。

大禹治水的行为层面主要是指客观的社会交往，反映人与社会的关系。儒家重视以身作则的榜样力量。孔子曾经说过："其身正，不令而行；其身不正，虽令不从。"所以，从人与人之间的交往来看，首先是要求自己必须守正自律，以身作则，这样他人才会信服你，跟随你。如果自己做不到这一点，缺乏自律性，还可以请求他人监督自己，增加社会监督和制度约束的力量。这样，个人的这种行为就会表现出一种他律和自律相结合的严于律己的自律精神。仪狄造酒讲述的就是大禹克己复礼的自律故事。大禹喝酒误事之后感觉酒容易让人忘乎所以，耽误正事，所以，大禹不仅自己控制喝酒，而且还要求他人也不要喝酒①。从人与社会之间的关系来看，社会会制定行为规范，构建一套礼仪系统，对个人和社会进行正向引导，营造一种和谐的社会秩序和氛围。如果史前文明社会的群体和族群之间出现分歧或矛盾，他们一般会采取一种家族血亲的约束机制（例如和亲）进行正向引导，实现民族团结与和谐，从而在社会群体的行为上就表现出追求社会和谐的民族团结精神。在治理淮河的时候，大禹求娶女娇，和亲入赘涂山氏，团结淮夷族，就维持了大禹治水的和谐局面②。当然，如果正向引导机制没有办法保证社会和谐，那么战争和法律就会进入维持社会秩序和谐的行为当中，社会的负向约束机制就会发挥作用，那些不遵守行为规范、破坏社会秩序和谐的人就会被惩罚。这种负向约束机制一般靠法律发挥作用，通过社会管理予以规范，在社会制度上就表现出以法律来规范社会行为的法治精神。最鲜明的例子就是禹杀防风氏。在一次非常重要的治水工作会议上，防风氏姗姗来迟，不仅妨碍治水决策制定，而且藐视领导权威，所以，即便是自己的亲外甥，大禹也不计私情，大义灭亲，体现的是一种公正无私的执法立场③。总之，在人与社会的行为层

① 参见李焕俭编著：《魅力涂山》，合肥：时代出版传媒股份有限公司、黄山书社，2015年，第243—245页。

② 参见郭学东主编：《蚌埠掌故》，合肥：黄山书社，2008年，第434—435页。

③ 参见郭学东主编：《蚌埠掌故》，合肥：黄山书社，2008年，第436页。

面，大禹精神首先体现为以身作则的个人自律精神，其次是正向引导行为的民族团结精神，最后是负向约束行为的公正法治精神。

大禹治水的观念层面主要是指主观的社会意识，反映人与意识的关系。在人与意识的关系上，任何人都有两种选择面向，一种是选择面向自己的私情，一种是选择面向社会的公心。面向自己的私情主要是处理人与家庭的关系，即怎么样对待家庭关系；面向社会的公心主要是处理人与集体或国家的关系，即怎么样对待集体或国家。特别是在社会重大事件发生以后或国家生死存亡之际，任何人都会面临这种私情和公心、个人和国家之间的选择冲突。是先公后私还是先私后公，这是对一个人道德的考验。虽然说在某种程度上古代国和家不分，国就是家，家就是国，但那只是对君主而言的；而普通老百姓就不同，国不是他的国，家才是他的家。因此，对君主而言，国家利益大于家庭利益；对普通老百姓而言，家庭利益大于国家利益。在大禹治水时期，大禹还不是君主，国不是他的国，是舜帝的国；大禹是臣子，家才是他的家。对大禹来说，国家和家庭是有区别的。正是因为这样，在面向家庭的选择上，大禹舍小家为大家，才能够体现出他大公无私的奉献意识和爱国精神；在面向集体或国家的选择上，大禹以大局为重，不计私仇，仍然接受“杀父仇敌”舜帝安排的治水重任，毅然投身到治水的伟大事业当中。也只有这样，大禹的选择才体现出他先公后私的爱国意识。总之，“三过家门而不入”的神话故事把大禹治水体现出的这种舍家为国、忧国忧民的爱国情怀诠释得清清楚楚。

按照大禹文化的结构层次（见表1），洪水洪灾属于物质层面的自然环境，大禹治水属于行为层面征服改造自然环境的历史事件，大禹精神属于征服改造自然环境在观念层面上反映出的心理意识。其中，大禹治水是纽带，将自然环境的洪水洪灾和社会行为上的精神意识贯穿起来。这样，洪水洪灾、大禹治水和治水精神就在历史进程中形成一个文化体系，而在文化资源遗产上体现为治水遗迹遗址、民间风物传说、禹王祭祀风俗和大禹治水神话。

表1　大禹精神千年传承的文化结构逻辑

文化结构	反映关系	载物关系	精神内涵	精神特征	大禹故事	风物景观
物质	人与自然	劳动主体	创业精神	艰苦奋斗 人定胜天	禹锁无支祁	淮河
		劳动方法	创新精神	因势利导 务实开拓	劈山导淮	荆涂峡
行为	社会交往	内向约束	自律精神	克勤克俭 严于律己	仪狄造酒	禹狄坊
		正向引导	团结精神	民族融合 九州统一	禹娶涂山氏	涂山
		负向约束	法治精神	法纪严明 公正无私	禹杀防风氏	防风冢
观念	社会意识	面向国家	爱国精神	为民谋福 天下为公	禹会诸侯	禹会村
		面向家庭	奉献精神	舍家为国 公而忘私	三过家门而不入	启母石

治理洪水洪灾，人们需要发挥攻坚克难精神，需要发挥奉献奋斗精神；面对劈山导水的困难，人们需要发挥开拓务实的创新精神，需要发挥因势利导的科学精神。在治理洪水洪灾的过程中，组织者需要严于律己，树立榜样，需要发挥以身作则的自律精神；治水群众需要正向引导，需要发挥齐心协力的团结精神；违纪分子需要惩戒教育，法律约束，需要发挥公正执法的法治精神。治理洪水洪灾是国家大事，洪水洪灾治理好了，大家才能生活安宁；如果治理不好，大家就会生活在水深火热之中。所以，在治理洪水洪灾的过程中，人们需要树立大局意识，舍小家为大家，需要发挥舍家为国的爱国精神。总之，物质层面的创业奉献精神和科学创新精神，行为层面的自律精神、团结精神和法治精神，观念层面的爱国精神和奉献精神，这三个层面的治水精神构成了大禹精神的主要内涵。正是因为具有这种物质文化逻辑和历史产生基础，大禹精神才会具有禹风厚德的特性，才会有厚德载物的千年传承。

二、大禹精神千年传承的文化创造

大禹精神诞生于4000多年前的新石器晚期，是史前文明时期洪水洪灾治理的历史结晶。自诞生以来，中华民族就在大禹精神的传承滋养下不断层叠文化厚度，不断强化民族共同体意识。按照文化结构从外在物质经过传承行为再到意识积淀的逻辑层次，大禹精神是从客观环境的寄物寓意、交往行为的故事讲述和观念意识的文字记录三个方面来实现千年传承、发挥其厚德载物的作用的，即先喻人寓事造物造景，再借物借景讲述故事，后以文载道潜移默化（见表2）。

表2　大禹精神厚德载物的可视化创造之道

<table>
<tr><th colspan="2">文化结构</th><th colspan="3">可视化创造方法</th><th colspan="4">厚德载物之道</th></tr>
<tr><th>宏观</th><th>中观</th><th>行为</th><th>目标</th><th>方法</th><th colspan="2">地方风景</th><th colspan="2">影响途径</th></tr>
<tr><td rowspan="3">客观环境</td><td rowspan="3">自然山水</td><td rowspan="3">寄物寓意</td><td rowspan="3">造物</td><td rowspan="7">关联性：比喻象征</td><td rowspan="3">风物景观</td><td>山水</td><td rowspan="7">环境熏陶</td><td rowspan="3">触物抒怀</td></tr>
<tr><td>名木</td></tr>
<tr><td>建筑</td></tr>
<tr><td rowspan="4">交往行为</td><td rowspan="4">文化传承</td><td rowspan="4">故事讲述</td><td rowspan="4">造景</td><td rowspan="4">民俗仪式</td><td>婚姻</td><td rowspan="4">触景生情</td></tr>
<tr><td>丧葬</td></tr>
<tr><td>祭祀</td></tr>
<tr><td>庙会</td></tr>
<tr><td rowspan="3">观念意识</td><td rowspan="3">心理意识</td><td rowspan="3">文字记录</td><td rowspan="3">造物</td><td rowspan="3">选择性：以文载道</td><td rowspan="3">文字文献</td><td>楹联碑铭</td><td rowspan="3">潜移默化</td><td>榜样教育</td></tr>
<tr><td>名人诗文</td><td>精神感染</td></tr>
<tr><td>历史文献</td><td>以史资政</td></tr>
</table>

客观环境的寄物寓意是指喻人寓事于景物从而创造出蕴含当地历史故事与人物传说的人文景物。大禹精神的寄物寓意就是将大禹神话传说寄寓地方民俗风物之中，以营造可以触发情怀、感悟大禹精神的客观环境。厚德载物就是以地方民俗风物蕴含的高尚道德精神滋养身处客观环境的人，也就是触景生情，以文化人，以环境熏陶人。环境熏陶有两种机制，一种

是触物抒怀，以环境之物触发身临其境之人的感悟，如杜甫的“感时花溅泪，恨别鸟惊心”；一种是触景生情，以环境之景触发身临其境之人的感悟，如“夕阳西下，断肠人在天涯”。触物抒怀的重点在造物，“创造”出能够蕴含历史故事与传说的环境之物。这种“创造”不是任意的，而是要借助历史故事和传说与环境景物之间的关联性。这种关联性有可能是民间传说的发生地点，例如劈山导淮的地点“荆涂峡”，也有可能是民间传说中的人物与环境景物之间存在的形神相似性，如涂山禹王宫登山阶梯旁边的望夫石（或启母石）。形似女性、面朝南方眺望的石像与“候人兮猗”的涂山氏多么契合，这种形神相似性就让这尊女性石像被当地老百姓“创造”成为寄寓历史故事“候人兮猗”意蕴的望夫石。触景生情重点在造景，“创造”出能够寄予缅怀追思的仪式之景。这种“创造”讲究时间的关联性，一般选择在与所关联的历史人物的诞辰日或祭祀日组织缅怀追思活动，举行祭祀仪式。例如农历六月初六官祭大禹的涂山“禹王庙会”就是纪念大禹诞辰的庙会[①]。在禹王庙会期间，身处祭祀仪式之中的人们看到祭祀活动，就会想到被祭祀的人，就会思考被祭祀的人为什么会被祭祀，就会联想到被祭祀的人的丰功伟绩。大禹精神的厚德载物之道就是先造物造景，再触景感怀生情，最后实现环境熏陶，厚德滋养。

交往行为的故事讲述是指人们可以借风物景观来口头讲述附载在当地景物之上的本土历史故事与人物传说。在古代，口头故事讲述是民族群体主动传播民族文化、积淀民族历史记忆、培育民族精神和意识的主要途径。附载在景物上的大禹精神是静态的，它不会自动与人们发生关系，也不会主动进入人们的思维意识当中。故事讲述是人们将附载在景物之上的大禹精神呈现出来的一种主要途径。从讲述场合来看，故事口头讲述有两种情境，一种是在丧葬、祭祀等民俗仪式当中讲述，在神圣的祭祀缅怀现场讲述英雄传奇，唱诵英雄颂歌，这种讲述方式以原生神话和民族英雄史诗为主要体现形式；一种是在火塘、村落等田野现场讲述，在考察游览地方风物的情境中讲述历史传说，叙说民间故事，这种讲述以风物传说和地

① 参见郭学东主编:《蚌埠掌故》,合肥:黄山书社,2008年,第315页。

方历史故事为主要体现形式。从讲述对象来看，故事口头讲述有两种方向，一种是纵向传承，老一辈向后一辈讲述，可以在民俗仪式当中讲述，也可以在田间地头讲述；一种是横向传播，当地人向外地人讲述，可以是来当地开展田野考察的研究者，也可以是来当地做客或旅游的外地人。从社会意识的外在形态来看，民俗仪式上的纵向传承是文化传承的规定动作，田间地头的纵向传承是文化传承的偶发动作，其传承机制都是触景生情，由仪式、风物或景物引发好奇，追述来历，从而达到厚德载物、以文化人的效果。“施予强烈的情感，并在实施的全过程中伴之以具有强烈感召力的、形象化的情景，强化心理传承。之所以原始宗教或民族宗教每必有复杂多样的仪式、行为，神秘的法器、祭场，就是因为可以形成强大的文化传承氛围。”[①]在禹王庙会这种民间祭祀仪式中，当地庙会主持者会宣读祭文，会讲述大禹治水的英雄传奇，这是一种民俗仪式上的纵向传承，目的在于借助民俗仪式这种传承机制将大禹精神传递给后代。从社会意识的内在作用来看，民俗仪式上的横向传播是一种横向比较的文化认同，在外地人对当地人的英雄崇拜或始祖崇拜中强化当地人对本地英雄或始祖先辈的文化认同意识，增强其自我认同；田野现场的横向传播是一种亲临现场的文化展示，在当地人为外地人讲述本地英雄传说或始祖故事的过程中激发当地人对本地英雄或始祖先辈的崇拜意识，增强其本土认同。当来考察涂山禹王宫的外地专家学者看到耸立在攀登石阶右边的启母石像时，他们对启母像的好奇和追问必然会让本地陪同者主动介绍启母石的传说。考察者对启母石及其大禹文化的评价和肯定对当地介绍者和陪同者来说无疑是一种正向的情感激励，这让当地人自然而然产生一种文化的自我认同感。正是在这种故事口头讲述场合与对象组合设置的文化传承机制中，大禹文化才得以传承4000多年而绵延不绝，大禹精神才能够在4000多年来的故事口头讲述中积淀成为中华民族的民族精神。

观念意识的潜移默化是指文字文献记录的当地历史故事与人物传说被

① 赵世林:《云南少数民族文化传承论纲》,昆明:云南人民出版社、云南大学出版社,2011年,第90页。

历朝历代的阅读者接触时所能够产生的厚德载物的影响。当故事讲述逐渐退居文化传承的次要地位之后，文字文献就开始成为文化传承的主角。文字文献积淀有历史传承形成的民族意识原型（当地历史故事与人物传说），是厚德载物、以文化人的主要文化载体。厚德载物的文字记录主要体现为景点呈现的楹联碑铭、名人写作的优美诗文和史官记录的历史文献。楹联碑铭的文字内容一般都是反映当地历史故事与人物传说的名言警句，颂扬当地名人精神，体现当地文化厚德载物的核心意识，企望以当地英雄和人文始祖为榜样，教育当地人和前来参观考察或游览的外地人。例如，禹王宫内有一副楹联，内容是“导疏自桐柏，召章律，役庚辰，锁无支祁之神妖，舟车橇樺，四载是乘，亘古颂、手足胼胝之烈；治理凿荆涂，赤日璋，碧月珪，奉沧水使之明命，辛壬癸甲，三过不入，于今仰、冠裳玉帛之宗”[①]。这副楹联描述的就是大禹在淮河流域治水的故事，歌颂的就是大禹降妖伏魔、三过家门而不入的治水精神。优美诗文一般也是以文载道的千古名篇，内容与楹联碑铭大致相同，均以当地历史人物和人文景致为歌颂对象，在铺陈排比中生发对当地文化认同的突出情感，能够给阅读者以强烈的精神感染，进而达到意识原型厚德载物的效果。例如，柳宗元的《涂山铭并序》就是这样一篇睹物抒怀的千古美文：“惟夏后氏建大功，定大位，立大政，勤劳万邦，和宁四极，威怀之道，仪刑后王。当乎洪荒方割，灾被下土，自壶口而导百川，大功建焉……”[②]历史文献记录是一种选择性的文化记录机制，不仅是一种基于人类生存与发展客观需要的选择记录机制——有利于人类生存与发展客观需要的历史人物及其事迹就会以神话传说的文本形式被口头讲述和传播；而且也是一种基于发挥榜样示范教育作用的选择记录机制——有利于发挥榜样示范效应的历史人物及其事迹就会以历史故事的文本形式被记录下来，以名人诗文和历史

① 宋春翘:《禹王宫联》,李焕俭、吴国成主编:《涂山搜玉》,合肥:时代出版传媒股份有限公司、黄山书社,2016年,第107页。

② 柳宗元:《涂山铭并序》,李焕俭、吴国成主编:《涂山搜玉》,合肥:时代出版传媒股份有限公司、黄山书社,2016年,第15页。

文献的形式予以传播。当历史人物和故事被记录之后，文献记录的历史人物和故事就不再是原本的民间传说故事，而是渗透有作者主观意识的历史故事和体现作者立场和倾向的历史传说故事，是具有意识原型特征的文字记录。例如《史记·夏本纪》就是这样一篇历史文献，它不仅体现了司马迁取舍史料的立场和观点，而且还渗透着《禹贡》的意识原型色彩，是在《禹贡》记录的历史事实的基础之上对大禹文化的延伸和拓展。归根结底，无论是楹联碑铭的榜样教育，还是名人诗文的精神感染，抑或是历史文献的以史资政，在大禹精神的千年传承中，文字文献都是其厚德载物、以文化人的主要载体。

三、大禹精神千年传承的场景传播

在大禹文化的发展历程中，大禹精神的千年传承实际上是一种历史纵向的文化传承，是对大禹精神纵向历史的宏观审视。如果我们以横向微观的角度来审视大禹精神的千年传承，那么，大禹文化的场景传播就是厚德载物、以文化人的核心。在传播场景中聆听、讲述，体验氛围，睹物沉思，涵泳阅读，这是大禹精神厚德载物的四种育人途径（见表3）。

表3　大禹精神厚德载物的可视化传播之道

文化结构		可视化传播场景						厚德载物之道	
结构	文本	讲述者	场景	内容		受众	方法	方法	影响
物质	神话传说、历史故事	先辈、本地人	室外田野	民间风物	风物来历	后辈、外地人	聆听、讲述	口头传播	触物抒怀
		本地人	室内现场、室外田野	文化景观	景点介绍	外地游客	睹物沉思	旅游传播	触景生情
行为		先辈、本地人	室外、室内现场	民俗仪式	英雄传奇	后辈、外地人	体验氛围	民俗传播	

续 表

文化结构		可视化传播场景						厚德载物之道	
结构	文本	讲述者	场景	内容		受众	方法	方法	影响
观念	神话传说、历史故事	本地人、外地人	室内现场	历史记录	历史故事	本地人、外地人	涵泳阅读	文献传播	潜移默化

民间风物故事育人。当本地的山水景物被寄寓本地历史人物的故事和传说之后，这些景物就变成了民间讲述的人文风物，就成为传播本土知识的教科书，就是本土文化人开展文化传承教育的主要蓝本。当后一辈看到人文风物的特殊疑点提出质疑时，老一辈的文化人就会向后一辈讲述有关这一人文风物的民间故事和传说，解释民间风物的来历，揭示故事背后蕴含的人文精神和民族意识，强化“后人对于先祖功德的敬仰与自己宗族身份的认同”①。例如，来到涂山的外地人看到形似人头像的启母石像时，会情不自禁地追问，这个石像像谁，有什么说法没有。“在宗族内部的传播，传播者（长辈）希望通过宣传，能够将大禹精神深入每一个宗族成员的骨髓，并在宗族内部形成较为统一的认识……因而在成长历程中，他们通过口耳相传的故事，祭祀时的礼节、宗族内的习俗、长辈们的言谈举止，不断地受到熏陶、影响和强化。这种影响最终会形成对于大禹及其精神的高度认同。”②当本地人陪同外地人恰好来到某一民间风物面前时，具有文化传承使命感的本地陪同者会主动介绍本地民间风物，讲述与本地风物相关的民间故事和传说，以彰显本地文化的厚重感和特色，促进外地人对本地文化的了解。如果陪同者是文化人，熟悉了解启母石，那么，这个陪同者就会在外地人的追问下讲述“启母石的传说”，讲述三过家门而不入的大禹故事，解释启母石的来历。在身临其境讲述故事的传播场景中，文化传承的作用机制就会使民间故事和传说的聆听者受到深刻的感染，产生联想和追问，形成感悟和感叹，进而达到厚德载物、以文化人的效果。

① 刘训华主编:《大禹文化学概论》,武汉:武汉大学出版社,2012年,第181页。

② 刘训华主编:《大禹文化学概论》,武汉:武汉大学出版社,2012年,第181页。

总之，讲述民间风物来历，托物言意揭示大禹精神，是文化传承在口头传播上表现出来的重要育人途径。

民俗仪式活动育人。尽管民间风物是时时刻刻都可以看得见的静态存在物，但是在寄寓当地历史故事和人物上，它们并不能够涵盖丰富多样的精神内涵，因此，人们又将动态呈现的民俗仪式作为以文化人的手段，通过婚礼、丧葬、祭祀、庙会等民俗仪式，讲述民族迁徙故事，展示英雄丰功伟绩，塑造人文始祖形象，激发祖先崇拜意识。在原始社会时期，各地区的中心聚落往往是以神庙为中心建成的。在当时一切都听命于神祇的社会系统中，宗教祭祀是一种公众性极强的重要社会活动。当时的祭司和酋长们通过对祭祀活动的组织和主持，不但加强了自己的权威，巩固了自己的地位，而且还成为那个时期的管理阶层。为了有效地实现文化传承的目的，祭祀仪式还善于营造一种沉浸式的体验场景或神圣的肃穆氛围，能够深度激发祭祀仪式活动参与者的内在情感。像祭祀一样的婚礼、丧葬、庙会等民俗仪式明面上是一种人生礼仪，暗地里也是一种文化传承，是将本地的民族故事、英雄崇拜等本土文化知识渗透到仪式活动当中的一种民间教育活动。民俗仪式既有本地人的主位参与，也有外地人的客位参加。无论是作为生于兹长于兹的本地人还是作为千里迢迢奔赴观礼现场的外地客人，他们处在民俗仪式活动当中，身临其境体验仪式当中的文化氛围，在文化对比中感受感悟仪式活动寓含的本土精神，从而潜移默化受到本土精神的熏陶和影响。例如，涂山每年都举办民间禹王庙会，祭祀仪式上对大禹丰功伟绩的颂扬和缅怀，烧香磕头时对启母的虔诚祭拜和崇敬，庙会货物交易时对地方特产资源的偏爱和钟情，这种情、景、物融为一体的民俗活动营造出一种特殊的地方文化氛围，这种氛围很容易让参与者感受到禹王庙会的纪念主题，达到潜移默化的效果。“通过祭禹活动，能够唤起社会对大禹精神的认同，祭禹仪式带有符号的意义，它可以促进社会整合与对民族国家的认同。”[1]总之，体验民俗仪式氛围，亲临其境无疑是一种非常有效的途径。

① 刘训华主编：《大禹文化学概论》，武汉：武汉大学出版社，2012年，第179页。

文化景观环境育人。相对于自然形成并且只是赋予本土历史人物及其传说的山水景物而言，文化景观更多的是指根据本土历史人物及其传说人工创造的人文景观，如祭祀庙宇、历史人物雕塑、历史事件壁画、纪念民居、楹联牌匾、碑刻铭文以及仿制开发的各种文化景点等。这种文化景观在创造设计上坚持以文载道的原则，力求在不违背历史真实但是又紧跟时代发展需要的前提下建造出最能够传达出本土历史人物及其传说意蕴的景物。虽然说这种文化景观是根据本土文化创造的，没有民俗风物的可信度和认可度高，但是它们在传递本土历史人物及其传说的意蕴上要比民俗风物的意蕴传递主题性更强，可视化效果更突出，因而也更容易让游客追根溯源。本地人把这种文化景观作为一种主动展示本土民俗文化的最佳载体，而外地人则把这种文化景观作为他们了解认知当地民俗文化的必然媒介。他们可能谁都不会介意这种文化景观与时俱进的人工创造性，因此，参观游览文化景观时，他们只会把聚焦点放在这种文化景观背后的意蕴，只想了解本土历史人物及其传说的历史事实，很少去追问其人工创造问题。即便有极少数具有理性辩证思维的参观游览者，他们的追问也不会影响他们对文化景观背后蕴含的本土历史人物及其传说意蕴的接受，反而更能够促进他们对这些人文景观意蕴的正确把握和理解。作为身临其境的参观游览者，在厚德载物的作用机制下，他们对这些文化景观的凝神静观和质疑追问都是景观设计以文载道希望达到的效果，是景观设计者希望借助人文景观以文化人的主要目标。例如，耸立在涂山半山腰停车场东侧山崖上的大禹雕塑壁画就是一道环境育人的靓丽风景线。大禹雕塑壁画以大禹治水为主要内容，将劈山导淮、禹娶涂山氏、禹会诸侯等故事绘制成雕塑壁画景观。参观游览者在这一组大禹治水的雕塑壁画面前驻足凝视之时，他们的凝神静观会让他们产生缅怀之情，溯源联想大禹其人其事，从而正确把握和理解大禹精神。从景观设计者的角度来看，他们借助文化景观以文化人的育人目的就在参观游览者的这种睹物沉思中得以实现。因此，文化景观以文载道，参观游览睹物沉思，这也是文化传承在旅游传播上以环境育人的重要育人途径。

历史记录榜样育人。历史记录是有选择性的。在一个民族的生存与发展历程中，什么事实能够进入这个民族的民众意识之中，什么历史能够进入这个民族的历史记录之中，都是由这个民族的生存发展规律所决定的。从最早的社会意识形态来看，开天辟地、发现自然规律、创造文明、战胜自然灾难、率领民族迁徙的民族始祖英雄及其故事最早进入人类意识，并以神话传说的口头、文本形式实现传承，在民族历史进程中绵延不绝。同样，这些民族始祖英雄的丰功伟绩也最早被演化为诗词歌赋，被巫师史官记录成历史文献。人们讲述民族始祖英雄的丰功伟绩，目的就是宣传歌颂这些解决人类生存与发展历史命运问题的榜样，向这些为人类历史作出伟大贡献的先辈英雄学习，学习其使命担当，呼吁和鼓励后人继承其精神。“掌握过去知识的人，可以吸取既往经验并能预测后期行动的结果。这种能力对各国的统治者来说，价值深远。”[①]一辈辈创造，一代代积累，无论是神话传说还是历史文献，这样的学习榜样越积越多，历史记录也就越来越丰富。“正因为有了历代文士的研究与传播，才使得大禹文化的内核不断坚实，内涵也更为深刻明确，外延也愈加丰富。”[②]与楹联碑铭和名人诗文稍有不同的是历史记录。前二者一般都可以被刻写在风物景点现场，而历史记录则是脱离风物景点现场的，一般不与风物景点现场发生关系。但是，它却可以针对附载当地特定的英雄传奇故事的风物景点，也可以聚焦当地特定的历史人物，目的是发挥以史资政的作用。被神话传说歌颂宣扬的历史人物就是人们教育后辈子孙的学习榜样，被历史文献正面记录下来的历史人物就是以史资政、以文化人的学习榜样。这种历史记录的选择机制是通过脱离大禹历史现场的情境阅读来实现的：阅读、聆听文献，我们不仅可以了解、感受、学习榜样的丰功伟绩，接受故事背后的精神涵养，还可以涵泳体味历史人物的事迹与精神，主动接受历史记录的意识表达。从大禹文化来看，积少成多的大禹历史文献已经浩如烟海，如钟利戡、王

① 张光直著，刘静、乌鲁木加甫译：《艺术、神话与祭祀》，北京：北京出版社，2017年，第91页。

② 刘训华主编：《大禹文化学概论》，武汉：武汉大学出版社，2012年，第183页。

清贵的《大禹史料汇集》，四川省大禹研究会的《大禹及夏文化研究》，姒元翼、姒承家的《大禹世家》，苏冠群、赵学儒的《大禹治水》，江群的《酷说大禹》，中国社会科学院考古研究所等的《蚌埠禹会村》等。这些历史文献记录的是中华民族的根魂、基因和精神命脉。现在的历史研究也已经证明："大禹治水是一次关系到民族生存与发展的大事，作为受益的后人，有责任完完整整地传于后人，使之千秋万代，永远铭记。"[①]所以，重视涵泳阅读历史文献，发挥榜样示范、以文化人作用，这是文化传承在文献传播上厚德载物的重要育人途径。

四、大禹精神千年传承的未来转型

大禹精神源远流长4000多年，现在正在进入铸牢中华民族共同体意识发展阶段的新时代。过去环境、行为与意识三位一体的千年传承方式和风物、仪式、景观与文献相结合的四种育人路径已经逐渐脱离信息社会新媒体时代发展的形势需要。立足于蚌埠本地的大禹文化，大禹精神在文化传承上如何与时俱进，如何实现未来转型，就成为摆在我们面前的重要任务（见表4）。

表4 大禹精神厚德载物的可视化数字创意之道

文化结构		可视化数字创意					厚德载物之道	
结构	资源	方法	类型	目标	内容呈现	呈现方式	影响特征	产业形态
物质	神话传说	可视化设计	造景	人文景点	主题公园	涂山风景区	大禹文化意蕴	文化旅游
	特色文化		造镇	品牌景区	特色小镇	中国爱情文旅小镇	大禹文化特色	

① 徐日辉：《夏禹事迹信而有征》，李德书编著：《大禹传》，成都：天地出版社，2020年，第3页。

续　表

<table>
<tr><th colspan="2">文化结构</th><th colspan="5">可视化数字创意</th><th colspan="2">厚德载物之道</th></tr>
<tr><th>结构</th><th>资源</th><th>方法</th><th>类型</th><th>目标</th><th>内容呈现</th><th>呈现方式</th><th>影响特征</th><th>产业形态</th></tr>
<tr><td rowspan="4">行为</td><td rowspan="4">民俗资源</td><td rowspan="4">数字化采集与存储</td><td rowspan="4">造影</td><td rowspan="4">展示平台</td><td rowspan="4">影像数据库</td><td>影视剧</td><td rowspan="4">大禹文化价值</td><td rowspan="7">数字创意</td></tr>
<tr><td>非遗影像</td></tr>
<tr><td>景点全景</td></tr>
<tr><td>媒体平台</td></tr>
<tr><td rowspan="3">观念</td><td rowspan="3">历史故事</td><td rowspan="3">影像可视化</td><td rowspan="3">造剧</td><td rowspan="3">影视摄制基地</td><td rowspan="3">主题公园</td><td>影视剧</td><td rowspan="3">大禹文化特征</td></tr>
<tr><td>特色影院</td></tr>
<tr><td>衍生产品</td></tr>
</table>

一是以神话传说造景，重视文化旅游景点的可视化设计，建设具有大禹文化意蕴的人文景点。立足于文化旅游产业高质量发展需要，聚焦涂山大禹传说，以可视化思维创造性转化大禹神话传说资源，可视化设计突出地方文化特色的文化旅游景点。我们可以将涂山大禹传说创意设计成主题公园，人工创造可视化的人文景观，赋予旅游景点及其设施设备以历史意蕴，建设有利于彰显大禹文化品牌、铸牢中华民族共同体意识的涂山风景区。我们以大禹文化为主题，综合设计涂山风景区，按主题分区建设文化旅游品牌景点。以淮河荆涂大桥东岸紧靠淮河边上的小涂山为中心，以大禹治水为主题建设大禹治水公园，聚焦劈山导淮，仿真设计使用火烧水激法的劈山现场，复原大禹激战无支祁的淮河水上场景，依据上下洪村的来历雕刻禹杀防风氏的系列雕塑，在小涂山山顶设置耸立大禹雕塑，建设以禹会诸侯为主题的大禹文化广场。以涂山风景区登山大道彩虹路入口为中心，在两侧建设以爱情为主题的涂山爱情公园，设置被誉为中国第一位爱情女神的涂山氏雕塑作为涂山公园文化地标，立足蚌埠三大凄美爱情故事建设爱情博物馆，种植成片石榴树以暗喻大禹与涂山氏爱情的石榴花园，创意设计“三过家门而不入”“仪狄造酒”“大禹食蟹”等体现涂山氏关爱大禹的爱情场景，建设涂山氏为禹会诸侯率众献舞的花鼓灯文化广场[①]。

① 参见李焕俭编著:《魅力涂山》,合肥:时代出版传媒股份有限公司、黄山书社,2015年,第241—245页。

以蚌埠花博园和安徽禾泉农庄为基础，在东海大道两侧建设以摄影写真为主题的爱情花海公园，围绕经典爱情诗词意境成片种植玫瑰园、桃花园等各种类型的主题花海，围绕大禹精神可视化展示建设以亲子研学旅游为主题的大禹文化展示馆，围绕室外婚礼需要分开建设符合东西方婚庆风格的大禹婚礼广场，围绕婚纱摄影和室内婚礼需要打造婚庆一条街。

二是以特色文化造镇，重视特色文化资源的可视化设计，建设体现大禹文化特色的品牌景区。立足于大禹文化的全国空间分布特点，聚焦大禹与涂山氏的爱情，以可视化思维创造性转化中国爱情文化资源，可视化设计突出爱情主题的文化旅游特色小镇。我们可以大禹与涂山氏的爱情为出发点，聚焦蚌埠的三大凄美爱情故事，建设爱情文化旅游特色小镇。全面梳理《孔雀东南飞》《天仙配》《牛郎织女》等中国历史上的经典爱情故事，收集整理《关关雎鸠》、李之仪的《卜算子》、秦观的《鹊桥仙》等著名的爱情诗词歌赋，搜罗制作蒙古族手帕、苗族百鸟衣、独龙族的独龙毯等各民族爱情定情礼物，图文绘制汉族“喝同心酒”、“弹琴”（司马相如和卓文君的《凤求凰》）、傣族舞蹈“玫瑰恋情”等各民族爱情婚姻仪式场景，汇集展示反映古代爱情场景的影视剧如《梁山伯与祝英台》《新白娘子传奇》《古代爱情故事新编》等，创意设计中国爱情博物馆。创造性转化“去年今日此门中，人面桃花相映红”等诗词歌赋意境以建设花海公园，创意设计汉族“抛绣球”等文化景观，建设复古与现代相结合的爱情写真与婚纱摄影一条街，围绕爱情主题打造现代婚纱摄影产业。

三是以民俗资源造影，重视民俗资源的数字化采集与存储，建设反映大禹文化价值的影像数据库。我们不仅要充分利用本地高层次影视专业人才资源优势，组织地方高校广播电视艺术专业硕士研究生，围绕涂山大禹传说拍摄制作文化纪录片作为毕业作品，还要分类制定影视动画资源收集的技术标准和内容标准，主动汇集反映大禹文化的既有影视资源，建设大禹文化题材影视资源库。我们也要利用地方政府项目和社会力量资助，针对涂山大禹传说、花鼓灯、禹王庙会等非遗资源，以动作分解、场景分类和内容仿真复原为原则，以民俗资源的数字化采集为主要目的，拍摄制作非遗纪录片，建设大禹文化题材非遗影像资源库。我们还要充分利用数据库技术研发民俗资源的数字化存储与展示利用平台，分类存储展示大禹文化影像，建设涂山文化资源影像数据库。我们更要立足蚌埠文化旅游产业高质量发展，利用全景技术制作文化旅游景点全景地图，借助涂山人文景点利用虚拟仿真和全景交互展示大禹文化民俗资源，建设大禹文化旅游景点全景影像数据库。现在，我们已经进入了信息社会，网络技术和新媒体平台成为青少年娱乐消费的主要渠道。因此，我们还要立足网络技术平台，开发微信公众号，运营手机抖音号，依托快手、B站等，建设内容系统化和展示立体化的融媒体新平台[①]。将民俗资源影像可视化，通过线上网络平台实现数字化存储、展示和传播，推进大禹文化千年传承的数字化转型，努力提升大禹文化的品牌影响力和美誉度，为铸牢中华民族共同体意识奠定大禹精神厚德载物的数字化基石。

四是以历史故事造剧，重视涂山大禹传说的影像可视化，建设突出大禹文化特征的影视拍摄制作基地。收集整理涂山大禹传说，深入研究挖掘大禹文化内涵，借助影视动画技术拍摄制作影视动画剧，全面反映发生在淮河流域的大禹治水这一重大水利工程和禹会诸侯这一重大历史事件。以涂山大禹治水传说为主要内容，以揭示大禹精神为主要目标，创作满足青少年教育需要的民间神话动画片剧集《大禹治水》；以禹会诸侯的历史事件为主要内容，以揭示爱情助力夏禹建国为主要目的，以夏禹建国历史脉络为主线，构思针对情侣消费群体的爱情历史商业片《涂山之恋》；以爱情为主题，围绕爱情影视剧建设特色电影院，打造中国第一家特色情侣电影院；以大禹题材影视动画拍摄制作场地为基础，将影视动画拍摄制作和基地建设结合起来，保留影视拍摄现场置景及其道具，开发影视动画周边衍生产品，建设以聚焦原始社会时期生产生活为主要内容的影视拍摄制作基地，构建以影视主题公园为标志的新兴数字创意产业。

① 参见魏国彬:《艺术可视化研究存在的问题及路径选择》,《江淮论坛》,2021年,第1期,第184—185页。

结 论

大禹精神及其千年传承是一个具有逻辑结构的文化体系，体现了大禹精神与历史事件、传播创造、场景传播和内容呈现之间的关系，是一个反映诞生、创造、体验与转型时态的历史进程（见表5）。

表5 大禹精神千年传承的逻辑体系

千年传承	传承时态	关系对象	传承载体	传承重点	大禹精神		
					物质环境	交往行为	观念意识
诞生过程	发生时态	大禹治水	历史	本质内涵	创新精神 创业精神	自律精神 团结精神 法治精神	爱国精神 奉献精神
创造进程	传统时态	千年传承	传播	文化创造	山水景物 人文景观	寄物寓意	故事传说
					民俗仪式	故事讲述	神话故事
					历史记录	潜移默化	历史故事
接触过程	现在时态	情景体验	场景	传承场景	地方风物	聆听、讲述	故事传说
					人文景观	睹物沉思	历史文化
					仪式活动	体验氛围	神话历史
					历史文献	涵泳阅读	历史故事
当下进程	未来时态	呈现方式	媒介	信息呈现	景点景区	造景	神话传说
					文旅小镇	造镇	特色文化
					影像数据库	造影	民俗资源
					影视动画剧	造剧	历史故事

千年传承的逻辑起点反映的是精神与历史事件的关系，即大禹精神历史起步的诞生过程和发生时态。在逻辑起点上，龙山文化时代是大禹精神产生的时间起点，大禹治水是大禹精神产生的历史起点，淮河流域是大禹精神产生的空间起点。大禹精神从大禹治水开始诞生，然后纵向传承4000余年，最终积淀成为中华民族共同体的原型意识和文化基因，在文化传承的选择作用下成为中华民族精神的重要源头和组成部分。正是因为

建立在厚实的历史事件和严密的文化结构逻辑基础之上，大禹精神才能够持续发挥厚德载物、以文化人的作用。

千年传承的纵向传播反映的是精神与传播创造的关系，即大禹精神纵向传承的历时进程和传统时态。在纵向传播的过程中，寄物寓意的文化创造是关键，它决定着大禹精神以传统原始的可视化传播来实现厚德载物的最佳效果。大禹精神必须被寄寓到物质层面的客观环境（山水景物）之中，当地人必须借助寄寓大禹精神内涵的地方风物（山水景物）、人文景观和民俗仪式在亲临其境的传播现场讲述故事，接受者必须在睹物沉思（山水景物、人文景观和民俗仪式）的文化传播过程中触发情感，感悟大禹精神。作为原型意识，大禹精神还必须被记录，变成文字，在文献传播的历史形态中涵养人们的精神品质，达到厚德载物、以文化人的传播效果。

千年传承的横向传播反映的是精神和场景传播的关系，即大禹精神微观进行的接触过程和现在时态。场景传播的核心是受众在什么样的内容呈现方式中感受领悟大禹精神。受众对大禹文化的每一次接触就是一次文化传承的体验瞬间。每一次的体验瞬间都在特定的场景中进行，这些场景主要有故事讲述、现场游览、活动体验和独立阅读。故事讲述需要受众专心聆听，现场游览需要受众凝神思考，活动体验需要受众联想感悟，独立阅读需要受众品味涵泳。受众在这些场景中目睹意蕴之景（地方风物和文化景观），体验现场氛围（仪式活动），感悟大禹精神内涵（历史记录），最终潜移默化受到大禹文化影响。

千年传承的未来转型反映的是精神和内容呈现的关系，即大禹精神创造性转化和创新性发展的当下进程和未来时态。物质决定意识，不同的媒介类型决定不一样的信息形态。大禹精神千年传承的未来转型关键在于媒介内容的呈现方式创新。传统时态的千年传承主要依赖物质的原始形态，如山水、景物、景观、仪式、文献等，传播媒介主要依赖于口头语言、文化景观、活动仪式和文字史料。时至今日，影像媒介成为信息社会的主流态势，可视化技术成为新媒介的当下趋势，艺术可视化成为文化传播的未来新宠[①]。大禹精神千年传承的未来转型要立足线上和线下相结合的可视化思维，充分利用艺术可视化技术手段创新呈现方式，将传统的大禹文化资源转化为可视化的景观和影像，以线上展示营销推动线下文旅融合高质量发展。

从大禹精神的千年传承来看，大禹治水是大禹精神产生的历史起点，大禹精神是中华民族精神的源头。大禹精神体现为物质环境决定的奋斗创业和务实创新精神、交往行为左右的自律团结和公正法治精神、原型意识凝聚升华的爱国奉献精神。大禹精神是从客观环境的寄物寓意、交往行为的故事讲述和原型意识的潜移默化来实现千年传承的。大禹精神千年传承的目的在于以文化人，是在讲述来历、体验氛围、睹物沉思和涵泳阅读的传播场景中进行的。大禹精神的未来传承之路在于数字化转型，在于以艺术可视化技术手段创造更多符合当代目标传承者接受需求的内容呈现方式。总之，推进大禹精神的创造性转化和创新性发展，推进线上线下文旅融合，为铸牢中华民族共同体意识建设主流教育阵地，我们任重而道远！

---

① 参见魏国彬:《艺术可视化研究存在的问题及路径选择》,《江淮论坛》,2021年,第1期,第186页。

创业篇

聚仙石和浴足石

现在蚌埠市禹会区的禹会村为古涂山氏国的国都所在地，位于怀远县城东南淮河东岸的涂山山脚。涂山上有禹王宫、启母石、聚仙台、圣泉、灵泉、安邦定国石等30多处名胜古迹。明代文学家宋濂称颂为“临濠（今凤阳怀远一带）古迹惟涂荆二山最著”[①]。聚仙台位于涂山山顶禹王宫脚下的卧仙石旁。在卧仙石之北有巨石鼎立，上镌“聚仙台”三字。相传，涂山卧仙石、聚仙台是诸神会聚、商讨如何帮助大禹治水之地[②]，是当年大禹召集群神三上桐柏山、捉拿水怪无支祁而开会的地方。

大禹之妻涂山氏女是“天赐”的神女，是“昊天”派到人间辅佐大禹治水、降伏山精水怪的贤内助——九尾白狐。涂山“白狐洞”，就是这位神女栖身的洞府。《吴越春秋》说禹行至涂山，在涂山遇到白狐九尾：“绥绥白狐，九尾庞庞。”[③]九尾白狐造访大禹的地方，就在涂山卧仙石旁。

在涂山南麓，有一口山间水塘。此塘水质清丽，游鱼无数，鸟语花香，终年不涸。塘岸矗立着一块巨石，石头上有一巨大的脚印。此脚印纹路清晰，气势恢宏，可见脚印主人带有莫大的神力，相传这是大禹当年在

① 李焕俭、吴国成主编：《涂山搜玉》，合肥：时代出版传媒股份有限公司、黄山书社，2016年，第20页。

② 参见郭学东主编：《蚌埠掌故》，合肥：黄山书社，2008年，第36页。

③ 李焕俭、吴国成主编：《涂山搜玉》，合肥：时代出版传媒股份有限公司、黄山书社，2016年，第33页。

此处洗脚时所留，名为“浴足石”[①]。

相传，古时水怪无支祁兴风作浪，淮河三年两头洪水泛滥，民不聊生。大禹接到舜帝派他治理洪水的命令，率领治水大军焦急地赶到涂山，见到无支祁正在洪水中洋洋得意。大禹拿起神耒，便与无支祁搏斗起来。无支祁乃天生妖精，借助淮河洪水，勇猛无比。但是，大禹也暗自受到天神相助，气势不输水怪无支祁。两人直杀得天昏地暗，飞沙走石。七天七夜过去，大禹终于制服水怪无支祁，但是体力也极度透支，神力枯竭。大禹拖着疲惫不堪的身体来到一水塘边，准备清洗身上的泥污。他刚把双脚伸进塘中濯洗，没想到洗着洗着，两眼金星直冒，身子向后一仰，便昏了过去。此时，大禹虽身躯躺在塘边，真身却被玉帝派来的使者请到了涂山聚仙台。大禹与聚仙台的天神们一见如故，便把酒言欢，谈笑风生起来。临别时，众天神赠予他一本天书。天书上写的内容是指引大禹如何治水、如何劈山导淮、如何大会诸侯等。大禹看得入迷，读到精彩之处不禁手舞足蹈，双脚在大石头上摩擦起来，摩擦得大石青烟直冒。等到大禹从梦中醒来，他才发现那块巨石已被自己的双脚磨出深深的足印。这就是我们在涂山脚下水塘边看到的有大脚印的巨石[②]。

这块石头也叫大禹浴足石。

---

① 参见李焕俭编著:《魅力涂山》,合肥:时代出版传媒股份有限公司、黄山书社,2015年,第239页。

② 参见李焕俭编著:《魅力涂山》,合肥:时代出版传媒股份有限公司、黄山书社,2015年,第239—240页。

禹王宫和银杏树[①]

禹王宫，俗称禹王庙，又称涂山祠，位于涂山主峰之巅，坐北面南。涂山脚下淮水汤汤，蜿蜒曲折；山上郁郁葱葱，草木茂盛。禹王宫始建于汉代。汉高祖十二年（前195），刘邦统兵镇压淮南王英布（又称黥布），凯旋路过涂山，巡视禹迹，下令在山顶建禹王庙，缅怀大禹治水功德。

禹王宫始建规模较小。明正德年间，禹王宫得到修整与扩建。在原有基础上，禹王宫翻修并增加了钟、鼓二楼。后万历年间，禹王宫又进行了大规模的修建，形成了如今中、东、西三轴线和五进、十殿、十院的建筑格局。

第一进七间，中三间等高为山门，红墙、青瓦，古朴庄重。大门两侧墙壁横书“空山垂四壁，古庙独千秋”巨字。门两旁有巨型石狮镇守山门。门前左侧立一大碑，书“有夏皇祖之庙”；门前右侧立一大碑，书《史记》名言“夏之兴也以涂山”。正门上镌清末民初怀远人孙筱波所撰对联：“万国会冠裳，仰拜赓歌，协帝勋华承尧舜；千秋谙俎豆，报功崇德，兴王景运启商周。”[②]第二进为穿堂，又名拜厅，为旧时官吏朝拜大禹、置放祭祀物品及休憩品茗之处。第三进为禹王大殿，砖石结构，巨木抱柱，飞檐斗拱，气势恢宏。大殿正中塑大禹塑像。东西两侧原塑有雷公、闪电、箕伯、雨师、速报师、盘庚等塑像，今有财神、送子娘娘等塑

---

① 本故事节选自郭学东主编：《蚌埠掌故》，合肥：黄山书社，2008年，第31—34页。

② 李焕俭、吴国成主编：《涂山搜玉》，合肥：时代出版传媒股份有限公司、黄山书社，2016年，第108页。

像。第四进为启母殿，中祀大禹之妻、夏启之母——“涂山氏女”塑像。第五进为玉皇阁，上下两层，旧时殿堂构造精巧，布局严谨，气势宏伟。如今上层为玉皇楼，下层为玄武殿，中奉玉皇大帝和玄武大帝神像。

禹王宫为安徽省重点文物保护单位、省道教重点宫观，是我国目前现存于山峰顶端，规模较大的道教宫观。新中国成立后，特别是改革开放以来，本着修旧如旧、保护文物古迹的原则，政府曾多次拨款对禹王宫进行修缮。农历三月二十八日的涂山禹王庙会还被安徽省列入首批非物质文化遗产保护名录。

禹王宫第四进启母殿前，栽有两株银杏。这两株银杏枝丫曲折，蜿蜒如龙，被誉为怀远十二景之一——“东峰银杏”。传说，大禹治水时来到涂山，与涂山氏女喜结连理。为了纪念两人的新婚之日，他们一起亲手在此栽下了象征着纯洁爱情天长地久的连理树——雌雄银杏树。此树历经千年，于涂山之顶吸收日月精华，沐天地灵气，生长得尤为茂盛。后来，因为雷击失火，这两株银杏死亡。如今，死去的老银杏树竟奇迹般地钻出了生机盎然的儿女树。宋代文学家苏东坡曾用两句对联描述这一奇观：“山外有山都如画，树内生树不知年。”[①]树中树由此闻名遐迩。

在第一进西侧的苍龙阁前，还有一棵银杏树生长得极为繁茂，树枝下垂挂着20多个石钟乳，结出的银杏果有实无心，被誉为“银杏挂乳”，为涂山禹王宫一大奇观。

① 李焕俭、吴国成主编：《涂山搜玉》，合肥：时代出版传媒股份有限公司、黄山书社，2016年，第103页。

圣泉和灵泉

圣泉和灵泉坐落于涂山之顶禹王宫西侧的悬崖峭壁之下，是涂山有名的泉水，也是江淮著名的山泉。泉水自山上石缝中往下渗出，汲取了山间草木之灵气。泉水清澈晶莹，甘洌醇美。泉水叮咚，大旱不涸[①]。明代大学士宋濂在《游涂荆二山记》中描述：“复二里所，从微径入灌莽，抵岩罅，储泉一泓，味甚甘，覆以生茨，曰圣水亭。取水以禜雨，多验。”[②]“禜”是古代一种祈求神灵消除灾祸的祭祀[③]。由此可知，该山泉之名可能是来源于大旱求雨的“禜祀”。

相传，圣泉和灵泉是涡淮两水中修炼千年的河蚌仙子，名为圣姑、灵姑。圣姑、灵姑对淮河水怪无支祁的种种恶行深恶痛绝，但是仅凭她俩又无法奈何水怪无支祁，于是圣姑和灵姑就前往涂山，寻找正在治水的大禹。两位仙姑投奔大禹寻求帮助时，正值大禹带军治水的行军路上。时值盛夏，天气炎热，大禹和治水大军们都难耐酷暑，水源断绝。为了拯救大禹和治水大军，两位姑娘经过一番商量，决定牺牲自己，在涂山顶上变成两眼清泉。于是，圣姑和灵姑就在山顶西侧一处幽静的树林里选择了一块悬崖峭壁，毅然决然地钻进了峭岩下面。从此，这两个相距不远的石缝里，便经久不息地流出了汩汩的泉水。这泉水就是圣泉、灵泉。圣姑和灵

① 参见郭学东主编：《蚌埠掌故》，合肥：黄山书社，2008年，第39页。

② 李焕俭、吴国成主编：《涂山搜玉》，合肥：时代出版传媒股份有限公司、黄山书社，2016年，第21页。

③ 参见李焕俭、吴国成主编：《涂山搜玉》，合肥：时代出版传媒股份有限公司、黄山书社，2016年，第24页。

姑解救了大禹和治水大军，大禹也成功制服了水怪无支祁[①]。

圣泉背靠涂山，依山傍水，风景迤逦。圣泉水清澈甘洌，富含多种对人体有益的矿物质和微量元素，将其煮沸泡茶，茶汤飘香四溢，色泽明亮，堪称一绝。民间相传，涂山氏女当年正是因为经常取圣泉水煮茶和梳妆，才出落得愈发美丽动人，倾国倾城[②]。

自古以来，圣泉就被视为重要的祭祀场所。不同时期的地方官员都曾在圣泉池畔建有祭祀亭台，如宋代建有“祷雨祠”，元代建有“圣水亭”等，这些皆为人们祭祀求雨之所[③]。安徽圣泉啤酒厂以“圣泉”冠名的啤酒，20世纪90年代走红大江南北，曾摘取国优名牌啤酒桂冠。圣泉之上有摩崖石刻“圣泉”二字，相传此字出自大文豪苏轼之手。今圣泉东南山坡上建有“圣泉亭”。

灵泉位于圣泉南侧。康熙《凤阳府志》云：“（禹）庙西下陡峻处有泉澄滢，四时不竭，遇旱祷雨泉边辄应，故镌石曰灵泉。”嘉庆《怀远县志》、光绪《凤阳府志》也记载：“涂山西崖有圣泉，旧志云：一名灵泉。”[④]而在圣泉南侧的峭壁上有“灵泉”二字，此二字相传出自宋代濠州太守刘仲光之手，是他朝觐涂山时所题刻。

---

① 参见郭学东主编：《蚌埠掌故》，合肥：黄山书社，2008年，第438页。

② 参见郭学东主编：《蚌埠掌故》，合肥：黄山书社，2008年，第39页。

③ 参见郭学东主编：《蚌埠掌故》，合肥：黄山书社，2008年，第39页。

④ 李焕俭、吴国成主编：《涂山搜玉》，合肥：时代出版传媒股份有限公司、黄山书社，2016年，第195页。

禹锁无支祁[1]

说起水怪无支祁，沿淮民众无不知晓。这个妖精哪，长相丑陋，性情凶残，力大无比，专干坏事。古时候，这淮河两岸，洪水泛滥，白浪滔天。洪水为什么这样大呢？原来这淮河的三处大峡谷阻挡洪水，特别是那个荆涂大峡谷，两山相连，谷口狭窄，洪水无法宣泄，只能从荆山西首，绕个大圈，再继续向东奔流。这样的地形能不发洪水吗？大禹奉舜帝之命，带领千军万马，来到淮河岸边的涂山，安营扎寨，劈山导淮，开河筑坝，大伙拼死取得的治水成果，这无支祁只要用鼻子拱拱，蹄子扒扒，洪水又恢复了老样子。

大禹带领的治水人马走到哪里，这个丧门星就偷偷跟到哪里。这家伙只要一到，那洪水立马上涨，白茫茫的无边无岸。淮河两岸连年遭受水旱灾害，庄稼颗粒无收，老百姓怨声载道。大禹见了气愤难忍，对天暗暗发誓："我要不活捉水怪无支祁，我就不叫大禹！"大禹先派气力大又勇猛的章律去捉那无支祁，结果章律没捉住，竟让它给逃走了。这怎么办？大禹又派个降妖捉怪的武士去捉拿无支祁，无支祁使出偷梁换柱鬼花招，又悄悄溜走了！一个小小的水怪，为什么这么难捉呢？原来，这妖孽形如猿猴，手脚灵便，山上水里，上蹿下跳，如履平地！特别是这家伙常年在水中活动，沿淮的湖河峡谷，哪里水深，哪里水浅，哪里水下有洞穴，它都了如指掌。别看这家伙长得奇丑无比，说变就能变成俊俏的白面书生、貌

① 本故事节选自李焕俭、吴国成编著:《禹会掌故》,合肥:时代出版传媒股份有限公司、黄山书社,2019年,第266—267页。

似貂蝉的美貌女子、白胡飘胸的耄耋老者。

大禹接受前两回失败的教训，这回派了个名叫庚辰的前去捉拿无支祁。说起这个庚辰，那真的了不起啊。他是“威武出色”的上界天神，为帮助大禹治理洪水，造福万民，玉皇大帝特地派出庚辰等七位天神下凡帮助大禹降妖捉怪。庚辰身经百战，神通广大，帮助大禹降服无数山精水怪。无支祁见庚辰武艺高强，手中又有神物宝剑，就使出了浑身本领，什么三十六计啊，七十二变啊，变来变去，就是打不过这个庚辰。

原来，玉皇大帝得知无支祁兴妖作怪，就赐给大禹一把斩妖宝剑。大禹担心庚辰难以降服无支祁，就让庚辰带上这把斩妖剑，捉拿无支祁。无支祁下淮河，庚辰也下淮河；无支祁上高山，庚辰也上高山；无支祁钻洞，庚辰也钻洞。庚辰丝毫不敢怠慢，紧追无支祁不放。庚辰追到涂荆两山间的大峡谷，无支祁三十六计走为上计，弯腰缩头钻进峡谷潜逃。这时，大禹手持开山神耒，突然堵住无支祁去路，炸雷般大喝一声：“畜生，哪里逃！”说罢举起神耒，不偏不倚，打在无支祁尖尖的小脑瓜上，只听“咣当”一声，把无支祁打得灵魂出窍，当即现出原形。原来是个狗不像狗、猫不像猫、蛇不像蛇的怪物。这个怪物泪水汪汪摇着尾巴，祈求大禹开恩饶命。大禹本想举起神耒将其打死，转念一想，当初自己发誓要活捉无支祁，既然如此，暂且饶它一命，让他作为反面典型，管教起来，威慑淮河大小妖孽。

怎么管教水怪无支祁？那可不是让它自由自在享清福。为此，大禹特地打制了一条镇妖铁链把它锁住，还在它的鼻子上穿了个眼，挂上金铃铛。只要它身子稍微动一动、挪一挪，那金铃铛就叮当叮当响起来。大禹开始把它锁在涂山古庙前的千年老银杏树上，不久它就把老银杏树的皮给蹭掉了。大禹看在眼里，气在心里，于是走到哪里，就把它牵到哪里。一手抓住铁锁链，一手紧握着那柄明晃晃的“降魔剑”。只要无支祁想“撒野”，大禹就抖动它脖颈上的铁链，那怪物就疼得满地打滚。大禹心里清楚，别看水怪无支祁满脸可怜相，那是黄鼠狼给鸡拜年——没安好心，目的是麻痹大禹。大禹治水，日理万机，哪能天天牵着这个妖孽呢？淮河水母娘娘见了，主动劝说大禹：“禹王啊，你忙得吃不好饭，睡不好觉，还要操心管教这个妖孽，就把它交给我，让我来好好管教这个畜生吧！”大禹问道：“那你不怕它逃走？”水母娘娘说：“龟山古庙中有口专门镇锁妖孽的万丈古井，我把它连铁锁链一起沉入古井里，古井上面再压块万斤大石头，大石头上贴上管教妖孽咒语，看它往哪逃！”大禹听了高兴地说：“那好，无支祁就交给你管啦！”就这样，无支祁被沉入镇妖古井，再也不能出来兴妖作怪啦！

英雄风貌：身体偏枯，手足胼胝

水，孕育滋润了生命；洪水，无情摧毁着生命。中华民族是一个长期与洪水作斗争的民族。相传，历史上最大的一次水灾发生在尧帝时期，洪水滔天无人能治。共工治水四十多年未果，四岳大臣极力推荐了鲧，鲧治水九年失败，被殛于羽山。在灾难面前，人们怎么也想不到，年仅19岁的禹却毅然决然地担起了这份历史重担。当时，正是舜当政期间，他派禹（治水未遂而被尧处死的鲧的儿子）去治水。禹吸取了其父治水的教训，采用疏通的方法，依地形规划水道，引洪水入河、入海，终于治好了洪水。

尧还在世的时候，中原地带洪水泛滥，无边无际。洪水就把庄稼淹没了，并且淹没了山陵，淹没了人们的房屋，给人们带来了无边的灾难。当时，人们流离失所。在这种情况下，尧下定决心要消灭水患，于是开始寻找能够治理洪水的人。

各大部落经过商议以后决定推选鲧处理洪水之事。其实大家并不是很相信这个人，但是当时没有更合适的人选，于是暂且将治水的任务交给了他。鲧治水长达九年，可是还没有解决问题。他觉得自己无法完成这个艰巨的任务，变得消极起来。

后来舜登基之后开始管理朝政，第一件事就是要治水。他感觉鲧办事不力，于是将他流放到羽山，后来鲧死在了那里。舜也感觉此事有点棘手，召集了各大首领来商量此事。大家商议以后，推荐出一个合适的人选，就是鲧的儿子大禹。大禹为人谦虚，而且待人彬彬有礼，平常做事也非常认真，生活相当简朴。大家都感觉比他父亲强多了，于是就把治水的任务交给了他，并且派伯益和后稷两位贤臣协助他的工作。

在当时，不仅大禹有艰苦奋斗的思想，普通老百姓也有吃苦受累的心理准备。下面是河南登封市流传的一则反映大禹艰辛治水的神话故事《大禹治洪水过家门》：

> 大禹同来自四面八方的英雄们，就如何治理洪水的问题，展开了激烈的讨论。大禹说："众位要求参加治理洪水，很好，我欢迎。但是咱们可是有言在先，治理洪水是个吃苦受累的事，成功了，舜王定会封赏，但失败了，可是有生命危险啊！我请各位再认真想想，真是决心要参加，留下；不愿留的，我不强求。"有一个名叫狂章的作歌唱道："我家居住狂河边，蛟龙作恶洪水淹，参加治水我情愿，为了子孙得平安。"英雄们异口同声说：自古至今都是吃苦在前（辈），享乐在后（代）。为了造福后世，眼前吃点苦算得了什么。[①]

大禹拿着治水的工具走到哪里，就量到哪里。而且，他吸取了父亲采用堵截方法治水的教训，发明了一种疏导治水的新方法，其重点就是疏通水道，使水能够顺利地东流入海。他每到一个地方，就发动各个部落群众来施工。每当治水工程开始的时候，他都和人民在一起劳动，吃在工地，睡在工地，挖山掘石，披星戴月地干。

在治水的过程中，大禹亲自参加每一个水灾处理环节，历经千难万险。即便是狂风暴雨，他也仍在工地上干活。大禹治水十三年，极其艰辛，废寝忘食，乃至生病偏枯，步行艰难。由于过度劳动，手上脚上都起了一层厚厚的老茧。因此，列御寇说他"身体偏枯，手足胼胝"[②]，尸佼

① 张振犁编著：《中原神话通鉴》（第四卷），开封：河南大学出版社，2017年，第1137页。

② 李焕俭、吴国成主编：《涂山搜玉》，合肥：时代出版传媒股份有限公司、黄山书社，2016年，第5页。列御寇：战国时郑国人，著名思想家、寓言家和文学家，道家学派代表人物，著有《列子》一书。

说他“手不爪，胫不毛，生偏枯之疾，步不相过，人曰禹步”[①]。“禹步”本来是一种劳累而致的残疾之病“跛脚”，但是道教经典《洞神八帝元变经·禹步致灵》却将它神化，认为“禹步”能够召役神灵：

禹步者，盖是夏禹所为术，召役神灵之行步。此为万术之根源，玄机之要旨。昔大禹治水，不可预测高深，故设黑矩重望，以程其事。或有伏泉磐石，非眼所及者，必召海若河宗山神地祇向以决之。然届与海之滨，见鸟禁咒，能令大石翻动。此鸟禁时，常作是步。禹遂模写其行，令之入术。自兹以还，无术不验。因禹制作，故曰禹步。[②]

民间关于大禹治水的神话传说不计其数。神话传说的真实性虽无法一一考证，但有一点是可以肯定的，即每一个传说必有一个起因，必有一个故事在里面，故事里面也会寄寓一定的历史渊源，揭示当时之人内在的战斗精神。流传于河南省三门峡市的民间传说《开三门》讲述的就是大禹勇于战斗的神话故事：

在很早很早的时候，三门峡一带是一个很大的湖泊，名叫“马沟”，没有出口。如果站在高山上往下看，眼前是一片白茫茫的湖水，一眼望不到边。当时弄船的人常说：“张店塬开船，魏德岭揽船。”张店塬在山西省平陆县，魏德岭在河南省陕县的张茅乡。这是黄河两岸最高的两个大塬，也是当时的两个码头，可见当时的水位真够高了。

再说北山的深潭里有一条老龙，看到马沟水深湖大，就挪到马沟这里来住了。这条老龙来了以后，经常喷云吐水，兴风作浪，马沟的水势越涨越高，淹没了不少村庄和土地。老百姓今天搬这里，明天挪

① 李焕俭、吴国成主编：《涂山搜玉》，合肥：时代出版传媒股份有限公司、黄山书社，2016年，第6页。尸佼：战国时著名政治家、思想家，秦国宰相商鞅的宾客，著有《尸子》一书。

② 钟利戡、王清贵辑编：《大禹史料汇集》，成都：巴蜀书社，1991年，第197页。

那里，过不上安生日子了。有时候洪水突然涨上来，家家户户被冲得妻离子散，不知道淹死多少人。

那个时候是舜王坐天下，他看到老百姓受难，心里不好受，就派大禹去治水。大禹是个有本事的人，他有两件宝物：一把划水剑和一柄开山斧。剑划到哪里，水就流到哪里；开山斧劈到哪里，哪里就开出河道。

大禹来到马沟后，先跑到山顶上察看地势，看到整个地形是西北高，东南低。他想：水总是由高处往低处流的，我应该把水从西北引到东南。想罢，他就跑到湖边，用剑向东南划了几下，水就顺着剑向着东南流去。当水流到马沟峡谷的时候，一座大山拦住了水的去路，水又聚住了。大禹抡起开山斧，“啪啪啪”三斧子，把大山劈开了三道豁口，水就分三股向下流去。三个豁口把大山分成了四座石岛：与南岸相连的一座半岛，临水的一端，像一只张着嘴的狮子，因此大家叫它“狮子岛”；中间两座石岛叫“鬼门岛”和“神门岛”；与北岸相连的半岛叫“人门岛”。大禹开完三门，又抡起了斧子，开出一座砥柱岛，用它来定波镇澜。以后人们就把这个地方叫“三门峡”。

水道疏通以后，马沟的水一天比一天浅，眼前一片大湖泊慢慢变成了狭长的河谷，这可急坏了水底的老龙。它咬牙切齿地说：“大禹呀大禹，我不惹你，你倒惹起我来啦，要知道我可不是好欺负的！”

老龙一生气，把天上的云雾都吸进肚里，接着又兴风作浪发起了大水。没多大一会儿，水又涨得很高，淹没了许多村庄和田地。

大禹看到了这情景，心里也很气恼。他怒冲冲地说：“孽龙呀孽龙，我不把你除掉，这里的老百姓就不得安生！”

大禹拔出利剑，“扑通”一声跳进水里和老龙搏斗起来。老龙嘴里喷着水，张牙舞爪地向大禹扑过来。大禹举起宝剑，用力向老龙的心窝里刺去。老龙急忙就向水底一沉，躲过了大禹的宝剑……他们就这样斗了三天三夜，只斗得天昏地暗，日月无光。最后大禹和老龙都乏了，谁也占不了上风。老龙喘着粗气，张开利爪，拼着最后一股劲儿，恶狠狠地向大禹扑过来。大禹一闪身子，躲过了老龙的利爪，趁老龙没有摆稳身子，使出了全身的力气，用剑刺进了老龙的胸口。这时候，鲜红的血像泉水一样从老龙的心窝里喷出来。血喷到两岸的山上，把山石都染成了红色。直到现在，三门峡两岸的山壁上，还有红色的山石和泥土。

老龙死了以后，沉到水底去了。以后水又不断地往下流，马沟湖就变成了黄河河道。原来的湖底都露出了地面，高处成了塬，低平处成了地。

水患平息以后，老百姓都回到三门峡，修建房屋，垦荒种地，日子比过去安稳得多了。老百姓为了纪念大禹，在黄河两岸建了两座禹王庙。①

这则神话虽然讲述的是大禹降服三门峡孽龙的故事，给我们后人呈现的却是大禹勇于战斗的精神。在黄河流域，流传的大禹神话很多都是反映大禹与山精水怪作斗争的故事。在这些神话中，山精水怪的形象都是对大禹治水艰难险阻的拟人化表达，是对治水难题的形象化描述。所以，本则神话故事就是通过勇战马沟湖孽龙充分说明大禹疏导洪流的艰辛以及他英勇无畏的艰苦奋斗精神。

在鬼门岛连接水面的岩石上，有两个直径一尺多长的马蹄形的石坑，传说这两个石坑原是马的一双前蹄踏出来的。这就是流传在三门峡一带的关于大禹治水的神话传说《马蹄窝》：

古时候，黄河沿岸非常荒凉，漫天的黄沙，人们要是一不小心，就会被黄沙埋没。为了治服洪水，大禹骑马来到黄河岸边。这匹马的耳朵可灵啦，能辨别风声大小，会预测气候的变化。每当快起大风时，它便停蹄不走，张着嘴，望着主人“咴，咴，咴”大叫三声。

① 张振犁编著：《中原神话通鉴》（第四卷），开封：河南大学出版社，2017年，第1054—1056页。

有一天，大禹沿黄河边来到了三门峡。他看见这里的山崖陡峭，层层叠叠的岩石阻塞了东流的河水，便决心劈开石岛，疏通河道，引黄河流入东海。

大禹骑着马，想到河南岸去探测山峡里岩石阻塞的情况。他刚刚走到河边，忽然间，马停下来，“咴，咴，咴！”昂首大叫三声。大禹知道事情不妙，就急忙勒转马头。大禹刚进入峡谷，只见天色突变，狂风大作，飞沙走石，一时分不清东西南北。大禹只好耐住性子，等待飞沙过后，再去对岸。谁知道，大禹一连两次都被风沙挡了回来。

大禹治水心切，当风沙一停，就第三次来到河岸，准备过河，这马刚把前蹄踏在一块像狮子头的岩石上，却又停蹄不前了。大禹一看，脚下是巨浪狂流，截断了去路。怎么办呢？勒转马头另寻渡口吧，这三门峡一带全是陡壁悬崖，不但山上没有道路可走，连一根青草也不长。

大禹急中生智，紧紧抓住马缰绳，大呼一声：“好马，跃过河去！”只见他鞭子一扬，那马好像懂得主人的心事，立刻昂起脖子，用尽全身力气，举蹄向前纵身一跃。只听呼的一声，马腾空而起，飞向对面三门天险的另一块岩石。谁知马的前蹄刚一着地，吭溜一滑，突然前身下坠，卧了下来。大禹面不改色，紧紧地勒住缰绳。马前蹄跃起，后腿一蹬，终于飞跃过了这块岩石，来到了黄河南岸。从此，这块岩石上留下了两个深深的石坑。这就是大禹当年跃马飞过黄河时留下的马蹄窝。人们只要一看见马蹄窝，就想起了大禹治水时忘我的英雄行为。①

大禹治水，善假于物，善于观察。大禹每到一地，必先观察地势，绘制治水图形。有困难，不畏惧。这篇《马蹄窝》的神话故事也像上一篇一样，生动形象反映了大禹不畏艰险、坚韧不拔的伟大创业精神。《马蹄窝》

① 张振犁编著：《中原神话通鉴》（第四卷），开封：河南大学出版社，2017年，第1062—1063页。

中的马儿亦是如此，不仅通灵性，还通人意。大禹充分运用了马儿的优势，借马儿奋力跃过三门峡，克服艰难险阻，创造雄伟壮举，名耀青史。

在那个技术落后、没有机械设备的年代，大禹治水所遇到的困难是无法想象的。大禹治水除了要面对各种各样的天灾外，还要与阻止治水的妖魔鬼怪作斗争，这些水怪大多都是龙、蛇、龟的样貌，这是人们出于对水患的惧怕而想象出来的。大禹的敌人主要是洪水，是水患，因此神话就把这些水患变成了与水相关的各种异类猛兽，从而把水患形象化。

随着这些水患一个个被大禹治服，大禹的治水精神得到天下之人的追捧与敬仰。大禹治水的事迹广为流传，得到了全天下之人的爱戴与拥护。大禹执政后，更加注重公平、法制以及对于自然的治理，他将这些美好的元素真正地融入中华民族的血液中，让政治更具人文关怀和深度。大禹通过亲身实践，用行动把自己塑造成中华民族人人钦佩的英雄、大慈大悲救苦救难的神灵。

一人劳而劳万民，一身正而正天下。大禹心系天下，他的心中装满了世界万物和普通苍生，装着对君王天下的责任交代，也装着家人的无限期盼。先天下之忧而忧，后天下之乐而乐。他向这个世界索取得那么少，却给这个世界带来那么多。大禹化身人间的希望之火，燃烧自己，驱散了黑暗，照亮了世界，给人类带来了无尽的希望与温暖。大禹精神更是沁人心脯，源远流长。

行色匆匆：步罡踏斗，禹步九州

大禹根据山川的地理情况，将中国分为九个州，分别是冀州、青州、徐州、扬州、梁州、豫州、雍州、荆州和兖州。他的治水方法就是把整个中国的山山水水当作一个整体来治理。他先治理九州的土地，该疏通的疏通，该平整的平整，使大量的荒地变成了肥沃的土地。之后，他再治理大山，经过他治理的大山有岐山、荆山、雷首山、太岳山、太行山、常山、砥柱山、太华山、大别山等。为什么要治山呢？其原因就是要疏通水道，使水能够顺利地往下流去，不至于堵塞。山路治理好了以后，他就开始疏通水脉，足迹遍布九州。

大禹治水，披荆斩棘，披星戴月，步罡踏斗，黄河流域、淮河流域和长江流域都流传着大禹治水的种种神话传说。河南省的方城县、禹州市以及桐柏县分别地处黄河流域和淮河流域。这三个地域均流传着关于大禹治水的神话传说，其中最为出名的当数大禹锁蛟的故事。虽然神话同属大禹治服水蛟这一类，但是由于地域不同，神话的内容也大有不同。由此可见，大禹治水的确是跨越千山万水，历经磨难。

下面是一则流传在河南省方城县的神话故事《禹王锁蛟龙》：

很早很早以前，蛟龙常来大地作怪，闹腾得天昏地暗。它只要稍一抖身，河水就会四处漫溢，淹没村庄和庄稼。老百姓经不住河水的袭击，死的死，伤的伤。禹王看在眼里，疼在心里，决心为民排忧解难，白天黑夜想制服蛟龙的法儿。他百思不得其解，只好下令张贴皇榜，同蛟龙当面论理。一天、两天过去了，可连蛟龙的影子也没有见到，老百姓有点失望，大禹也有点焦急。

这天晚上，天刚擦黑儿，门官报知禹王说，有位七十多岁的老太太有要事求见。禹王听报，说了声“请”，马上出门迎接，请入上座。禹王说：“大娘，您还没吃晚饭吧？这些年土地被蛟龙毁坏，没有好吃的来孝敬您老人家，还是喝碗面片儿吧！”

接着转身对内侍说：“给老人家做碗上等面片儿。”

老太太也应和着：“知道，知道，这几年蛟龙作怪，庄稼被淹，房屋被冲，喝碗面片儿就不错了。”

少时，内侍把面片儿送上，老太太接过饭碗，就大口大口地喝起来。刚喝一半，大禹突然大笑起来。笑得老太太直打寒战，忙问：“您笑什么？”

“我今天可要会蛟龙了。”

“它在哪儿？”

“远在天边，近在眼前。”

“啊！您别开玩笑了，俺是有要事从远路而来，大王您怕是思蛟龙成疯了吧！”

禹王将桌子一拍：“大胆蛟龙，竟敢戏弄于俺。”

说罢，用手指轻轻挑了根面片儿，只听得哗啦啦一阵铁链响声，一条铁链从老太太口中拉出来，轻轻一抖，老太太霎时抛掉饭碗，大声喊叫，现了原形。原来，这老太太就是蛟龙所变，蛟龙本想仗着自己的本事，会会大禹，和禹王较量一番，谁知禹王一眼就看出来了。那蛟龙变的老太太喝的面片儿是禹王使动法术做的，面片儿就是铁链子。它一喝下去，就紧紧锁住了它的心。怪不得禹王轻轻一拌面片儿，蛟龙就疼痛难忍，现了原形，在地上乱翻乱滚，苦苦哀求：“大王饶命！大王饶命！俺再也不敢使性糟蹋百姓了。”

大禹说：“今天念你有心悔改，免你一死，锁禹州井内，等到锁你的铁锁开花再出井。”

说完，吩咐武士把蛟龙压在禹州井底。从此，再没有大水灾降临，百姓们才安居乐业。①

大禹锁蛟的故事流传在河南省禹州市却是另外一种版本的《禹王锁蛟》：

上古帝舜时，有段时间，天连降大雨，一时沟满河平，江河横溢，洪水泛滥，好好的庄稼都淹没在水中，老百姓都把家搬到附近的高处，一时生活极为困苦……人们还发现颍河中的水本是风平浪静的，有时却突然会恶云滚滚，涛声震天，河水涌出河床，流向两岸，冲坏两岸的田地和村舍。人们还发现，过河的人常常在河心忽然沉入水底，再也不会出来。种种迹象表明：这里有逆龙。不错，这水中确有一条龙——蛟龙。大禹治水时，它还小，也没做什么坏事，所以人们并不知道它，当然禹在剿除猛兽时，也没杀死它。现在它长大了，遂得以在这一带作恶。

不久大禹听说了，便带人来捉蛟。经过一段时间的观察慢慢就摸清了它的活动规律。有天晚上，它刚出来，就中了箭。它知道不妙，连忙撤身往水中钻，说时迟那时快，大禹一抖手，扔出一张渔网。这网见风就长，银光闪闪，霎时间布满水面。蛟龙一看不妙，连忙撤身向西山逃去。大禹带人在附近搜索，在西山发现一个山洞，洞口有一溜血迹。一定在这儿！大禹命人包围洞口。一面命人运干柴堵住洞口，准备点火，把它熏出来；一面又在洞口张开了一面大网，同时命手下人一见它出来就开弓放箭。一切布置停当，“点火！”一声令下，只见火光冲天，浓烟滚滚。恰巧当时正有北风，北风把烟全刮进洞了。一会儿工夫，就听见一声巨响，蛟龙从洞中钻了出来。它太猛了，把整个网挣得紧紧的，再想走已来不及。“收网！”一声令下，网口扎住了，

① 张振犁编著：《中原神话通鉴》（第四卷），开封：河南大学出版社，2017年，第1115—1116页。

人们又用几根绳把它捆得紧紧的。然后大禹命人打制了一条铁链，把蛟龙锁住，投到了附近城中的一口井中，用石板封口，贴上封印，它再也不能出来了。大禹说："你要想出来，除非石头开花。"就再也不理它了。这座城就是现在的禹州城。①

而流传于淮河流域桐柏县的大禹锁蛟神话则把大禹神化了，神化后的大禹俨然以道长神仙的形象出现，脱离了人间治水英雄的性质与范畴。流传于河南省桐柏县的大禹锁蛟神话《禹王锁蛟》是这样讲的：

很久很久以前，桐柏山里水很足，不知道从哪里跑来一条蛟。桐柏山大小河流里的水，一下子让它喝得干干净净。喝干后，蛟还恨声恨气地哼哼着："哎呀，我渴呀！"

蛟渴了，就变作一个穿红肚兜的小孩，去村里到处找水喝，看见水井，几口就喝干了。

老天爷下了大雨，发了洪水，蛟一下子就喝得光光的，哼哼着："不解渴呀！不解渴呀！"

土地干旱，庄稼不长，五谷杂粮颗粒不收，老百姓家家又没水吃，他们只好祷告老天爷下雨。

老百姓的祷告，惊动了治水的大禹。一天，大禹架起一片祥云，飘呀飘，飘落在桐柏山的主峰上，变成一位慈眉善目的白胡子老汉，手摇一柄拂尘，来到村子里，笑眯眯地对老百姓们说："你们不是天旱没水喝吗？我这里有绿茶叶，吃一片不渴不饿，吃两片心清气爽，吃三片可以长生不老。"

老百姓想吃绿茶叶解渴，都纷纷去接。忽然，从人群里钻出来一个穿红肚兜的小孩，跑上去伸出手对白胡子老汉央求道："老头儿，给我一片绿茶叶吃吧，我口渴得很呢。"

---

① 张振犁编著：《中原神话通鉴》（第四卷），开封：河南大学出版社，2017年，第1091—1092页。

白胡子老汉给了穿红肚兜的小孩一片嫩油油的绿茶叶。穿红肚兜的小孩吃了，嘴里又凉又甜，一直凉到心底，觉得十分舒坦。穿红肚兜的小孩怕老百姓分吃完绿茶叶，上去一把抢过白胡子老汉手里的绿茶叶，大口大口吞了下去。这个穿红肚兜的小孩原是蛟变的，它笑眯眯地想："嗬嗬！我把这绿茶叶都夺过来吃了，从此再也不怕渴啦！"

哪晓得，穿红肚兜的小孩吞下绿茶叶后，五脏六腑疼得像刀绞一般，在地上直打滚儿，现出蛟的原形。威风凛凛的长角，飘飘冉冉的长须，亮亮堂堂的眼睛，嘴里向外吐出明晃晃一串串金链子，疼得满地打滚儿，豆青、深紫色的龙鳞甲粘了一地。那绿茶叶是大禹降服蛟的法宝，蛟一吞下绿茶叶，每一片绿茶叶都变成了一节金链子。

…………

大禹牵起蛟刚下山，天上霹雳闪电，一场倾盆大雨，山沟里呼呼涨起了滔滔洪水。蛟得了水，忽一下子变得长达千丈，头昂得有几十丈高。大禹手提金链，驾起云，乘着波涛，穿山越岭，呼啸着奔向大海。从此，大禹驾云走过的地方，就变成了现在的淮河。桐柏山就成了淮河的源头。人们传说，淮河弯的每一道湾儿，就是当时蛟心脏疼得身子来回扭曲的地方。①

流传于黄河流域和淮河流域的这三则大禹锁蛟神话内容大同小异，但是地方特色较为明显：方城县的大禹神话突出北方饮食文化，以面片儿为武器战胜水患；禹州市的大禹神话突出中原生计文化，以渔网为武器战胜水患；桐柏县的大禹神话突出山区医药文化，以茶叶为武器战胜水患。

长江流域的大禹治水神话也有涉及龙的故事，但不再是"大禹锁蛟龙"类似的故事结构，变化很大：一是名称不同，是"龙"而不是"蛟"；二是性质不同，是"帮手"不是"敌人"，不再作恶造孽；三是处理方法不同，是"斩"不是"锁"，物我区别对待；四是叙事目的不同，

① 张振犁编著：《中原神话通鉴》（第四卷），开封：河南大学出版社，2017年，第1160—1161页。

是重在“告诫”不是重在“战斗”。这则故事是这样说的：

传说禹治好四川西北部的岷江以后，又顺江而下来到长江三峡。在导引水路的一群龙中，有一条龙因错行了水路，导致错误施工，错误地另开了一道峡谷。禹发现后非常生气，就将这条龙问斩，以此告诫其他的龙做事要谨慎。直至今日，还可以在巫山县看到“错开峡”和“斩龙台”的遗迹。①

这四则大禹神话也充分说明大禹治水足迹遍布九州，范围广，影响深远。分布于黄河流域、淮河流域和长江流域的大禹锁蛟斩龙神话是大禹治水步罡踏斗、禹步九州的形象生动反映，而步罡踏斗、禹步九州则是大禹治水行色匆匆的伟大形象的历史缩影。在治水的过程中，大禹依靠艰苦奋斗克服重重困难，终于取得了治水的成功。

总之，大禹治水的神话故事体现了大禹艰苦奋斗的创业精神，反映了我们先辈的集体精神，在中华文明发展史中发挥了凝心聚力的重要作用。从中华五千年的发展历程来看，大禹治水的创业精神也应该是我们中华民族精神的源头和象征。

① 谢兴鹏:《九州方圆话大禹》,北川:四川省大禹研究会、中共北川县委党史研究室、北川县地方志办公室编印,2002年,第9页。

创业精神：艰苦奋斗，人定胜天

大禹所处的五帝时代是中国古代文明的发轫期，伟大而灿烂的文明如孕育中的胎儿正躁动于母腹之中。大禹治水，拯救万民于水深火热之中。治水成功的宏图伟业得以实现，成就了惊天动地的创世之举。大禹治水精神是大禹不惧艰险、为民造福的创业精神的具体体现，是大禹艰苦奋斗、人定胜天的创业精神的抽象概括。对于大禹艰苦奋斗的精神，司马迁在《史记·夏本纪》中作了形象概括的表达："薄衣食，致孝乎鬼神。卑宫室，致费乎沟洫。陆行乘车，水行乘船，泥行乘橇，山行乘檋。左准绳，右规矩，载四时，以开九州，通九道，陂九泽，度九山。"①

在治水的过程中，大禹数次遭遇艰难险阻，但每次大禹都临危不乱，以身犯险，身先士卒，克服重重困难，历经千辛万苦。淮河流域蚌埠地区流传的民间传说《大禹浴足石》就是讲述大禹不畏艰苦的神话故事。流传于黄淮流域河南省禹州市西北部分的民间传说《诸侯山治水》则不仅很好地证实了大禹治水所历经的千辛万苦，而且还体现出大禹和诸侯们那种人定胜天的坚定决心和意志。

相传在远古的时候，洪水泛滥成灾，阳翟一带到处是一片汪洋。土地被淹没，房屋被冲倒，成千上万的百姓在洪水里死去。当时有一位治水英雄名叫大禹，一心要治服水害，为百姓除难。这天，大禹召集各诸侯在阳翟北部的蜘蛛山顶聚会，一起商量治服水害的办法。聚

① 钟利戡、王清贵辑编：《大禹史料汇集》，成都：巴蜀书社，1991年，第31页。

会时，众位诸侯七嘴八舌，意见很不一致。有的诸侯不住摇头，唉声叹气，认为这是天意、劫数，人力根本无法反抗；有的诸侯倒觉得，事情是人干出来的，动手治水，总比坐着等死强。大禹根据大家的意见，制订出一套治水办法。他觉得只要详查水情，疏通河道，洪水是一定能够制服的。大禹的主张和办法，得到了大多数诸侯的支持。

大禹带领众诸侯，看地势，查水情。由于大禹和众诸侯齐心协力，终于查清了阳翟发生洪水灾害的原因。原来蜘蛛山和东面的灵山中间的一段山冈挡住了水路，要想排除阳翟的洪水，必须疏通这条河道。于是大禹领着诸侯和广大百姓，开凿河道，疏通水流。不管刮风下雨，日日夜夜，他们从来没有停止过一会儿。在开凿河道期间，大禹常和治水中的诸侯们登上蜘蛛山顶，坐在一块大石头上商量治水中遇到的多种困难。天长日久，在大禹坐过的大石头上，磨出了深深的屁股痕迹。就在这痕迹坑儿的前面，还有一条深沟，这是大禹在开通河道时，因浑身是汗坐在石头上歇息，天长日久，汗水把石头冲出了一条深沟。后人就把这条石沟叫作汗沟。

大禹领着诸侯和广大百姓，不知经历了多少个日日夜夜的苦干，终于把蜘蛛山和灵山之间三里多长的河道打通了，洪水沿着河道飞泻而下，没多久，阳翟地面的洪水就全部排除了。

后来，人们为了纪念大禹和诸侯们治水的功绩，把原来的蜘蛛山改为诸侯山。[①]

流传于淮河流域桐柏山区的民间神话传说《桐柏禹王》则充分体现了大禹敢于战斗的伟大创业精神。

远古的时候，洪水泛滥，淹没了良田、庄园和人口。大禹王被上帝派来治水。大禹王来到淮河的发源地桐柏山。

① 张振犁编著：《中原神话通鉴》（第四卷），开封：河南大学出版社，2017年，第1099页。

那时，淮河连年灾祸，其中，便有一妖怪叫水精的，制造洪水，有时候甚至将整个桐柏山淹没，地上有性命的东西没有一样幸免。

大禹到桐柏山后，制订方案，捉拿水精。水精有一习性，每逢天气暖和或炎热时候，便走出水精洞，出来猖狂暴虐。大禹就请来太阳神帮忙，太阳神将目光对准水精洞长达七七四十九天，洞里炎热异常，水精伸伸懒腰，心里思忖该出洞走走了。

水精刚一出洞，正看见大禹王手握神铲站在洞口，不禁大惊。只听大禹大喊："水精，我奉玉皇大帝的旨意，前来捉拿于你，还不快快受死！"水精听后大怒：我在桐柏山舒舒服服地过生活，关你大禹何事？便手持鼓浪鞭，直奔大禹王。

大禹王和水精大战了七十七天，直杀得天昏地暗，日月无光。大禹王终于擒着水精，将它镇压在桐柏山下，淮源的地方。[①]

大禹治水多与恶龙斗争有关，这无疑也是民间对大禹治水过程之艰难的一种想象。这则神话讲述大禹不依靠神力帮助，却靠人本身的力量和智慧与水精搏斗，治服水精，镇压于桐柏山下。

今河南省商丘市也流传着一则类似的大禹治水神话《大禹骨链锁恶龙》，讲述了大禹斗恶龙的艰难，采取的方法仍然是亲身与恶龙战斗，捉住恶龙，锁于井中。

这天，恶龙正在平原上横冲直撞，忽见面前人们站立两排，中间闪出一条大汉，个子高大无比，怒发冲冠，横眉圆眼，紫红脸膛，赤着钢铁一般的臂膀，腰间一条锁链寒光闪闪，这就是禹。恶龙不觉心里一震，肝胆发凉，有心抖抖精神冲过去，又见那大汉两腿一叉，站在那里如铁塔一般。把手往河里一指，鄙视地说："请吧！"恶龙看这阵势，心里早怯了三分，心想：我如果不听他的命令，说不定会被他就地按倒，掐住脖子，腰断三截。眼下，它昔日的威风不知跑到哪里

① 张振犁编著：《中原神话通鉴》（第四卷），开封：河南大学出版社，2017年，第1156页。

去了。它怯怯地望着禹，把脖子扭了扭，“呜呜”叫了两声，夹着尾巴绕道逃窜了。禹带着人们拼命地追赶。

…………

禹追到商丘城南，站在一座土岭上向北一看，见恶龙围住城急得团团转。这时，禹听见腰间的锁链哗哗作响，他立刻把锁链解下来，望定那恶龙猛力掷去，锁链正好套住蛟龙的脖子。禹一见，连忙紧收锁链。恶龙也使尽全力，妄想挣脱。禹忽然望见旁边有一口土井，便把锁链全部收在手里，双手把恶龙举在空中，就势往井里一摔，恶龙一下子被摔到地底下去了。立时，洪水随着恶龙向井底钻去。不到半晌，商丘城周围的洪水就全部钻到井里去了。再看城周围的地面，已被洪水冲得低下去好多。[①]

大禹具有英勇战斗、坚韧不拔的创业精神。他劳身焦思，踏遍九州，艰苦奋斗，身先士卒。任何苦难都被他坚定不移的意志成功克服。正是这种不畏艰苦、身先士卒、坚韧不拔的英勇精神，才使大禹成为我国历史上第一个人类战胜自然的典范。黄河流域三门峡市流传的大禹神话故事《神脚掌》就是表现人定胜天的坚定信念的民间故事。

在三门峡南岸，离地面六尺高的山壁上，有一只脚趾头向上的大脚印。这只脚印有一尺多长，嵌进山壁三寸深。在这样硬、这样陡的悬崖峭壁上，怎么会踏上一只这样大、这样深的脚印呢？原来这是大禹治水时留下的脚印，当地群众称它为“神脚掌”。

相传大禹治水来到中原，三门峡本来并无黄河河道，大禹就跑到西边的青海高原上，逢山开山，逢塬开壕，开出了一条长长的河道，这就是黄河。黄河之水顺着地势往东流，流到三门峡的时候，有一座大山挡住了河水。大禹就掂起他的开山神斧劈开山路，开拓水路。但

① 张振犁编著：《中原神话通鉴》（第四卷），开封：河南大学出版社，2017年，第1146页。

是山石坚硬无比，大禹就拿着斧头劈呀劈，劈了半天，只在山顶上劈开了一条缝隙。大禹浑身无力，再也抡不动斧子。但是大禹不曾就此放弃，一想到水患依然存在，百姓仍在水深火热之中，大禹就用一只脚伸进裂缝中，另外一只脚蹬在北边的山峰上，使出全身力气，向南北用力一蹬。只听见一声轰隆隆的巨响，这座大山裂成两半，中间开出一条河道。黄河水就顺着这条河道向东奔流。大禹的一只大脚印就这样深深地留在南岸的山壁上。[①]

《神脚掌》是一篇流传在三门峡的关于大禹治水的神话名篇珍品，对研究大禹的治水精神有着十分重要的价值。三门峡原来并无黄河河道。大禹劈三门之后，河道遂开。开三门峡河道，工程浩大，艰险至极，大禹仍然不放弃。疏河神工，巨人的形象矗立人间，千秋万代，众人敬仰。禹公盖世，由此可知。

大禹治水一共花了十三年的时间。正是在他的治理之下，咆哮的河水失去了往日的凶猛，慢慢地平缓地向东流去。被水淹没的山陵露了出来，农田也变成了米粮仓，人们又开始建筑新的房屋，过上了幸福的日子。后来人民为感谢他的恩德，为他修建庙宇，尊他为“大禹”“禹神”和“禹王”，有的地方也因此被称为“禹州”或“禹城”。

大禹这种艰苦奋斗的创业精神也因此奠定了中华民族勤劳勇敢精神的原始雏形。深入挖掘大禹治水背后所蕴含的治水精神，以华夏文明拉开中华民族共同体的历史序幕，以大禹精神奠定中华民族精神的原始雏形，这是继承与弘扬中华优秀传统文化的需要。当今，这种精神依然深深根植于中华民族的血脉深处，无时无刻不激励着中华民族每一位同胞奋勇前进，努力拼搏。

① 张振犁编著:《中原神话通鉴》(第四卷),开封:河南大学出版社,2017年,第1065页。

创新篇

荆涂峡

荆涂峡位于我国安徽省蚌埠市怀远县与禹会区交界的被称为“淮上明珠”的省级风景名胜区涂山风景区，地处淮河中游涂山和荆山对峙的山水环抱之中。涂山是一座历史名山，是四千多年前治水英雄大禹劈山导淮、娶妻生子、召会诸侯之地，位于蚌埠市禹会区临近淮河的最西部区域。雄踞怀远县城南部的荆山，传为卞和抱璞而泣的栖隐之所。

《怀远县志》明确记载了大禹疏通荆山和涂山之间淮河水道的详细过程。淮河流至荆山之东，因受荆涂二山的阻挡，被迫迂回至荆山西麓，先入涡河东流后，流入东海。传说大禹和涂山氏结婚后仅仅过了四天，就接到了治水的命令，他只得忍痛离家。大禹左手拿着准绳，右手拿着规矩，一边走一边丈量土地。走到哪里量到哪里，这不仅是为了让自己对家乡有一个地理距离的大致概念，也是为了随后的治水想出更好的方法。大禹吸取了父亲鲧堵截治水方法的教训，专心研究发明了治水的新方法——想办法疏通水道，使得水能够顺利地东流入海。大禹治水走到荆山，他高举开山神斧，用力劈开荆涂二山，打通了水道。淮河的洪水瞬间喷涌而出，日积月累形成了现在壮观的荆涂峡谷景观，滋养了千里淮河的肥沃土地，养育了淮河两岸的百姓。

为了拓宽荆山峡谷，宣泄淮河洪水，方便舟船通行，在毛主席“一定要把淮河修好”的号召鼓舞下，水利部在淮河岸边的蚌埠市设立了治淮委员会，全面规划和治理淮河，并在涂山余脉的黑虎山北修建了蚌埠淮河大闸，提升淮河中上游水位，方便舟船通行。怀远县治淮总队成立了荆山峡劈山导淮指挥所，组织千余民工，在涂山安营扎寨，开山炸石。四千多年后，当代大禹历经十年，继鲧禹宏远之志，再次劈山导淮，切除涂山余脉伸入峡口的阻水山体，清除了峡谷西岸阻水滩地和芦苇。荆山峡泄洪和通航能力大大提高，彻底解决了淮河泛滥的根本问题，千亩湿地更是让往来游客流连忘返。而今，荆涂峡上，往来船只，络绎不绝。2005年，长818米、宽32米、主跨160米的荆涂淮河大桥通车，圆了蚌怀两地民众的大桥梦。

淮河醉蟹

上古时期，洪水泛滥，河蟹成灾。大禹来到涂山治水，无意间发现了醉蟹的吃法。现如今，涂山脚下的淮河流域成为优质的螃蟹养殖地区。尤为出名的是蚌埠五河的螃蟹，具有“肥满个大、肉质瓷白、膏黄丰满、味甜腥鲜”的特点。在螃蟹品种上，五河螃蟹与典型特征为青背、白肚、黄毛、金爪的阳澄湖大闸蟹相同，同属于长江水系的中华绒螯蟹（俗称“河蟹”）。

作为江南地区的一道名菜，醉蟹以螃蟹为制作原料，加以米酒、香料、精盐等腌制而成，口味咸鲜适中，芳香无腥，蟹味鲜美。醉蟹的做法分为生醉和熟醉。

（一）生醉

生醉选用鲜活、大小均匀的螃蟹，简单处理后重点用高度白酒去污和杀菌，然后放入醉料中生腌而成。

原料的选择与处理：选7月下旬、8月上旬捕捞的二龄蟹，或秋后捕捞的上市规格偏小的河蟹，先用竹篾圈在湖区内暂养20天，继而装入篾篓或编织袋箱中饲养7—10天，待其肠胃内污物全部排尽，再取出在蒲包中干搁5—6天，并逐只刮毛、揩干水汽后即为原料蟹。

制作卤液：先将大料50克、花椒和辣椒各100克、茴香30克、桂皮50克、干姜30克在锅内炒熟，用纱布包裹好。然后，放入米酒7.5千克，煮沸，并加入盐600克、白糖200克和味精40克，自然冷却，即为卤液（加工5千克醉蟹量）。

醉制：将原料蟹投入清洁的缸中，用适量味道甜美可口的米酒慢慢浇入。干渴的河蟹争先恐后地饱饮，直至酩酊大醉，即成醉蟹。

腌制：取一只大的瓷坛，洗净消毒，把冷却的卤液倒入瓷坛中。然后，再取出醉蟹，逐只刷洗清洁，一只一只地放入坛中，最后倒入150克大曲酒封面。加工全过程必须保持清洁卫生，不可沾上生水。

封存：用布将坛蒙上，扎紧，加盖封上。5—7天即可开坛食用或出售。其蟹青中露黄，肉鲜黄香，味美无比。

贮藏：需长期贮藏的醉蟹在装坛密封前，在坛内滴上几滴麻油。这样既有助于隔绝空气，又能增加醉蟹的风味。放在10℃以下的阴凉通风处，可保质4个月左右[①]。

（二）熟醉

熟醉的做法相对来说复杂一点。

首先要做的是将大闸蟹放置在放有少许盐的清水中，这样做是为了让其将体内的泥沙吐清。然后就是将大闸蟹清洗干净。

接着烧一锅清水，等到清水烧沸的时候，就将大闸蟹上笼。上笼的时候，切记要将蟹背朝下，然后加盖蒸九到十分钟，要蒸到八九分熟，不要蒸全熟。这个时候的大闸蟹，比较容易入味。全熟后再进行加工，肉质不容易入味。时间到了，就将大闸蟹迅速取出，利用大闸蟹本身携带的余温，让整个大闸蟹变成刚好熟的程度。

接下来的步骤是至关重要的。放入适量葱姜，清水500毫升，黄酒1000毫升，冰糖200克，桂花糖50克，香叶2片，桂皮1片，八角一到两个，橙皮一小把，草果1个，风信子少许，花椒一小把，耗油1勺，生抽1勺，老抽1勺（加工六只醉蟹量）。料汁的味道要稍微偏甜一点，足够的

① 参见邵世秋、王兴礼：《醉蟹的加工工艺》，《科学养鱼》，2010年，第6期，第70页。

甜度才能够保证大闸蟹的味道，并且大量的糖分也让醉蟹不容易腐败变质。等到料汁和大闸蟹一起放到温热的状态，就可以放到冰箱当中，浸泡24小时。

建议最多放置两天，如果时间太长的话，味道就完全被料汁所掩盖，没有那种大闸蟹本身诱人的味道。

醉蟹不仅是江南地区的传统佳肴，更是古人智慧的结晶。醉蟹较为出名的是绍兴醉蟹，而绍兴醉蟹则来源于淮河醉蟹。相传，绍兴醉蟹是由在安徽作幕的绍兴师爷所创。

淮河醉蟹这一美食不仅反映了淮河流域的地方特色美食文化，也反映出淮河人民积极生活、勇于创新的精神。

洛阳龙门

传说禹开凿的龙门有两个：一说是在陕西韩城与山西河津之间的龙门山，一说是洛阳之南的龙门山。传说禹的足迹遍布四方，大禹开凿的龙门山就是现在著名的龙门石窟所在地，距洛阳约12千米。龙门山被伊水（伊河，也就是中国黄河南岸支流洛河的支流之一）分为东山和西山，河水从二者之间穿过。东、西二山像一个巨大的大门的两边，因此这里被称为伊阙。

"禹凿龙门"的神话传说最早见于《墨子·兼爱》："古者禹治天下，西为西河渔窦，以泄渠孙皇之水；北为防原派，注后之邸，嘑池之窦。洒为底柱，凿为龙门，以利燕、代、胡、貉与西河之民。"①

"禹凿龙门"更为生动具体的神话传说则出自晋朝王嘉的志怪小说集《拾遗记》："禹凿龙关之山，亦谓之龙门。至一空岩，深数十里，幽暗不可复行。禹乃负火而进。有兽，状如豕，衔夜明之珠，其光如烛。又有青犬，行吠于前。禹计可十里，迷于昼夜。既觉渐明，见向来豕、犬变为人形，皆着玄衣。又见一神，蛇身人面。禹因与语，神即示禹八卦之图，列于金版之上。又有八神侍侧。禹曰：'华胥生圣子，是汝耶？'答曰：'华胥是九河神女，以生余也。'乃探玉简授禹，长一尺二寸，以合十二时之数，使度量天地。禹即执持此简，以平定水土。蛇身之神，即羲皇也。"②

《水经注·河水》也记载："梁山北有龙门山，大禹所凿，通孟津河

① 钟利戡、王清贵辑编：《大禹史料汇集》，成都：巴蜀书社，1991年，第136页。

② 钟利戡、王清贵辑编：《大禹史料汇集》，成都：巴蜀书社，1991年，第194—195页。

口，广八十步，岩际镌迹，遗功尚存。”[①]

在今天的山西、陕西中间的黄河，古人称作西河。禹凿龙门是为燕、代、胡、貉与西河之民得利。传说中那个洪水泛滥的时期，洛水（洛河）和伊水（伊河）都因受阻而形成一大片汪洋，类似于堰塞湖。但是，在那个时期形成的洪水规模远比堰塞湖大得多，水流也更加湍急。大禹首先疏通了洛水（洛河），使之注入黄河。而伊水（伊河）受阻于龙门山，因此大禹凿开龙门山，使得伊水（伊河）和洛水（洛河）汇合一起注入黄河，从而解决了这里的水患。

洛阳龙门石窟是中国石刻艺术宝库之一，位于中国中部河南省洛阳市南郊12.5千米处，洛阳龙门石窟开凿于北魏孝文帝年间，之后历经400余年之久的大规模营造，是中国四大石窟之一（另外三大石窟为甘肃敦煌莫高窟、山西大同云冈石窟、天水麦积山石窟）。今存窟龛2345个，造像10万余尊，碑刻题记2800余块。2000年，洛阳龙门石窟被联合国教科文组织列入世界文化遗产名录。洛阳龙门石窟作为世界文化遗产地之一，以大量的实物形象和文字资料，从不同侧面反映中国古代政治、经济、宗教、文化等领域的发展变化，对中国石窟艺术的创新与发展做出了重大贡献[②]。

龙门石窟自凿建以来，历经千余年，集美术、宗教、书法、建筑、服饰、医药、经济和旅游等价值于一体，是宝贵的历史文化遗产。譬如，在书法艺术方面，龙门石窟是中国古碑刻最多的一处，有古碑林之称，共有碑刻题记2860多块。题记中不乏书法精品。“龙门二十品”以汉隶和晋隶为基础，杂糅各家之长而自成一体，既有隶书古朴刚健的风格，又有楷书端庄大方的神韵，代表了北魏时期书法艺术的极高成就，是“魏碑”体中的杰作。褚遂良的《伊阙佛龛之碑》是初唐时期楷书的经典代表作，《大卢舍那像龛记》则是盛唐时期楷体书法艺术的代表作品。再如，在雕刻艺

① 钟利戡、王清贵辑编:《大禹史料汇集》,成都:巴蜀书社,1991年,第172页。

② 参见郭二艳、王一三:《洛阳龙门石窟旅游解说系统构建研究》,《长春师范大学学报》(自然科学版),2014年,第10期,第75—77页、92页。

术方面，龙门石窟的佛像雕刻艺术达到出神入化的境界。以奉先寺为例，群像的布局、形象的刻画等都达到了形神兼备的效果。大卢舍那佛像更是气势宏伟，雕琢精湛，体现出唐代雕塑艺术的伟大成就[①]。

① 参见魏颖:《旅游语境下世界文化遗产洛阳龙门石窟本真性研究》,《信阳师范学院学报》(自然科学版),2017年,第4期,第587—590页。

劈山导淮

在淮河中游的涂山西麓，有一个峡谷，叫作“荆涂峡”。在大禹劈山导淮之前，“荆涂峡”还是一个山谷，叫“断梅谷”。山谷两边，荆山涂山相连在一起。当淮水到达荆涂峡时，受荆涂二山的阻隔，很容易被堵塞在荆涂山以南的上游区域。由于荆涂峡地势较高，阻断了淮水的北流，滔滔淮水难以顺畅通过荆涂峡，所以，荆涂山以南的上游区域就成了十年九涝的受灾地区。

以涂山为中心的淮河中游流域，尽管长约490千米，但是淮河水位差却只有16米。在夏季洪水时节，淮河中游16米的水位落差让淮河上游来水很难顺畅东流。如果抬高16米水位的话，荆涂山上游二三百千米流域就将成为一个大湖。

在尧舜禹时期，每到夏历的四、五、六月份，南北暖湿季风在淮河沿线交汇，形成连续多日的阴雨天气。大雨、暴雨连续出现，淮水东流在荆涂峡受阻，这就使得淮河沿岸洪水成灾。

荆涂二山连成一体，虽然形成了阻挡淮水北流的山谷，但是山谷并不高，面积也不大；两山之间的岩石分布也并不广，大约只有1.5千米的岩石和黄土，真正耗费大量人力的岩石山基可能远低于1.5千米。这段山谷的距离并不长，而且还不是淮水古河道，这就为大禹和先民们从容开凿荆山与涂山之间的淮河水道提供了干燥方便的施工环境。因此，采用“火烧水激”的方法开凿岩石不会受到正常淮水与水患的影响。

“劈山导淮”并非真的是大禹用开山神斧劈开荆涂二山，而是使用火烧水激的方法凿开山谷岩石。火烧水激法是我国古代开石或采矿的常用方法。大禹首先仔细观察荆涂二山岩石的纹路节理，选取大块矿岩并取位，用三块“牛公石”砌筑一个小火灶，称“火龙灶”；然后在灶中架木柴片燃烧，再用一两块耐火瓦片，用于引导火焰直冲石壁焦点上。火龙灶燃烧后的火力钻入岩石，峡谷的岩石渐渐开裂发声。随着温度的升高和火力的深入，岩石最后会发出爆竹声，随后石屑纷纷落下。大禹便据此判断火烧达到的温度和对峡谷岩石的影响。待火龙烧到一定程度，大禹再安排众人骤然向岩石泼上冷水，暴热的岩石突然遇冷收缩，产生裂缝。因峡谷岩石质地纹理与坚硬程度差异，有的烧到几小时经泼水就可开裂，有的则在水泼后的第二日才慢慢开裂。开裂后，治水群众便可用錾子、锤、铲等工具，沿岩石裂缝敲打，撬开。火烧水激，炸山碎石，终于成功开凿疏通荆涂峡。自此，淮河之水也终于能够直接流过荆涂峡，不再需要绕道涡河了。

禹王食螃蟹[1]

上古时期，洪水泛滥，河蟹成灾。某年，淮河两岸，出现无数长相奇丑、吓人的硬壳甲虫。这些东西，前有大螯，身披盔甲，张牙舞爪，横行水田，吞吃稻禾，糟蹋庄稼。老百姓以为天降神物，望而生畏，不敢轻易驱赶灭杀。有人捉住这种硬壳甲虫，去询问淮夷部落的小酋长。

谁知这个小酋长，嗜酒如命，是个地道的酒鬼。某日，他喝得醉眼迷离，农夫将抓来的这种硬壳甲虫送给他辨认，问他是啥东西。他伸手去抓这硬壳甲虫，却被那家伙的大爪子钳住了手指。酋长疼得“嗷”地一甩手，不偏不倚，将那硬壳甲虫甩进了他的酒罐子里。过了十余天，酋长想起此事，带着装有硬壳甲虫的酒罐子，去附近请教涂山氏女。

说来也巧，正好大禹来涂山治水，与涂山氏女结为夫妻。小酋长见到大禹，叫随从把酒罐子打开，请涂山氏国的新女婿辨认这硬壳甲虫是何物。大禹从罐底将那硬壳甲虫取出，闻了一闻，酒香扑鼻。大禹好奇，顺手剥开那圆圆的甲壳虫的硬壳，微风掠过，鲜味令人垂涎欲滴。大禹虽不知这是何物，凭着走南闯北，吃过多种爬行动物充饥的经验，当着众人的面大胆品尝起来。哪知不尝便罢，尝过感到鲜美无比。原来，这硬壳甲虫经过酒的浸泡，壳红肉白，成为醉货，真乃天赐美食。大禹连声说道：“好，好，真乃美味佳肴！”既然是美味，大禹索性撕开硬壳甲虫大螯，卸下八条虫爪，摆在桌上，吃个精光，边吃还边风趣地说：“天生万物，皆

① 本故事节选自李焕俭编著:《魅力涂山》,合肥:时代出版传媒股份有限公司、黄山书社,2015年,第241—242页。

为人用，你吃庄稼，何不吃你？”

淮夷小酋长目瞪口呆，惊问大禹：“此物披甲带螯，人皆惧之，你敢吃它，定知其名？”大禹笑答：“此‘虫’何名，岂未见到，我已‘解’开？‘解’下有‘虫’，该物岂不名‘蟹’？”

从此，“蟹”不但有了名字，还成为餐桌上的美味。酒香味美的醉蟹，还是淮河流域一道名菜。

禹凿龙门

龙门山位于今山西省河津市西北和陕西省韩城市北的两省交界处。龙门山原来是一座大山，是和吕梁山的山脉连接在一起的。龙门山曾经刚好挡住黄河的去路，使黄河的水流到这里便因流量过小而倒回逆流，造成洪水泛滥，以至把上游的孟门山也淹没了[①]。

《三秦记》记载："龙门山，在河东界。禹凿山断门，阔一里余，黄河自中流下，两岸不通车马。每暮春之际，有黄鲤鱼逆流而上，得者便化为龙。又，林登云：龙门之下，每岁季春有黄鲤鱼，自海及诸川来赴之。一岁中，登龙门者不过七十二。初登龙门，即有云雨随之，天火自后烧其尾，乃化为龙矣。"[②]

相传龙门是4000多年前大禹治水时开凿的，所以又叫禹门。帝禹为疏通黄河从青海积石山来到这里，被一座大山挡住了去路。帝禹便振奋神力，举起开山巨斧，把大山劈成两半，中间形成百丈悬崖峭壁的大豁口，就像一个大门，巨流便从这大门之间奔腾流过，一泻千里。从此，向四处横溢的洪水也回归河道，不再肆虐妄为了。

据说，每年的春天，江河中的大鲤鱼都来这里聚会，逆流游向上游，谁跃过湍急的水流，谁就可以成龙而升天，就是所谓的"鲤鱼跳龙门"。以后人们便将这大豁口叫"龙门"，那座山叫龙门山。

① 参见王清贵编著:《华夏人杰:大禹陵》,北京:中国大百科全书出版社,1998年,第18页。

② 姜彬主编:《中国民间文学大辞典》,上海:上海文艺出版社,1992年,第479页。

禹凿龙门，传为千古佳话。历代文人墨客常来这里游览，即兴赋诗。诗仙李白来到龙门，诗兴大发："黄河三尺鲤，本在孟津居；点额不成龙，归来伴凡鱼。"顾炎武在康熙三年正月由蒲州经荣河到河津龙门一游，作《龙门》诗一首，对禹凿龙门的不朽功绩作了热情的颂扬。诗曰："亘地黄河出，开天此一门。千秋凭大禹，万里下昆仑。入庙焄蒿接，临流想象存。无人书壁问，倚马日将昏。"

根据当地民间传说，在龙门山北有河口，很像龙门却不能通。一说是大禹当时开河本开两条：一条通往现在的禹门，一条通往陕西黄龙山的下川。当大批民夫往陕西方向开通时，天上有一只大鹏呼叫："错开河，错开河，开西不胜往东挪！"大禹善辨鸟语，于是命令民夫改向东挪，后人遂将交岔处起名为"错开河"[①]。

① 参见王绍义主编:《大禹文化资料荟萃》,蚌埠:蚌埠市博物馆编印,2012年,第124—125页。

务实开拓：由堵到疏，思维转型

务实开拓就是在脚踏实地、认认真真、埋头苦干做好工作的同时又能够与时俱进，开辟新的领域，创新工作方法，克服新的困难。务实要求不蜻蜓点水，不走马观花，不好高骛远。开拓要求不墨守成规，不因循守旧，不停滞不前。开拓务实也是我国较早形成的中华民族精神之一，大禹治水的神话故事就体现出了华夏先民开拓务实的民族精神。

说起大禹治水，我们就不得不提到大禹的父亲崇伯鲧。崇伯鲧治水是华夏初期的历史悲剧。崇伯鲧治水的主要方法就是围堵洪水，但是一味地围堵洪水，并不能从根本上解决洪水问题，所以最终崇伯鲧被舜帝流放羽山之郊，以致自沉羽渊而死。《山海经·海内经》曾记载："洪水滔天。鲧窃帝之息壤以堙洪水，不待帝命。帝令祝融杀鲧于羽郊。"①

大禹治水不仅过程漫长，而且还十分艰辛。在长期跟随父亲治水的过程中，大禹耳濡目染，从父亲治水的失败中总结出经验。因此，大禹并没有沿用父亲鲧治水的方式，而是转变思维，化堵为疏，堵疏结合。战国时期著名哲学家孟子赞扬大禹能够按照客观规律疏导水势。

《孟子·滕文公上》记载："禹疏九河，瀹济漯，而注诸海，决汝汉，排淮泗，而注之江，然后中国可得而食也。"孟子又说："子过矣。禹之治水，水之道也，是故禹以四海为壑。今吾子以邻国为壑。水逆行谓之泽水——泽水者，洪水也——仁人之所恶也。吾子过矣。"

关于大禹的疏导治水方法，民间神话有很好的诠释。河南西部栾川县

① 袁珂译注：《山海经全译》，北京：北京联合出版公司，2016年，第289页。

流传着这样一个故事《大禹王》：

大禹王治水三年，一直往西边扒。三过家门而不入，但是也没有成功。这一天，他又从门口过，他媳妇一把拉住他，拉到家里。准备哩有茶，他也累了，就趴桌上休息。忽听“叭嗒”一声响，茶碗倒了。一看，茶水打碗里流出来，正往低的那一头流哩。他这才明白：水是往低处流哩。茶也不喝就去挖河了。

这一回不往西边扒了，而是往东边扒，一扒就成了。由打那儿（开始），才把水治下去了。

伊河、洛河、瀍河、涧河也都是他治哩。他一治下，水一流，土都露出来，这才开始种地了。[①]

这个故事表明，大禹在治水的过程中，从生活实践中得到启发，解决了重大问题。大禹虽接受父亲鲧的教训，以疏代堵，但地形差异同导水的关系和方向问题，他尚不明白。后来禹回家后从茶碗倒地后水向低处流，悟出要将水东引的道理并取得成功。

河南桐柏山地区还流传这样一个故事，叫《禹王分水》。这个故事也是表现大禹的科学创新精神的，说明他在治水过程中是怎样务实开拓、转换思维的。

大禹到桐柏山，擒住了孽龙无支祁，把它锁在淮井里，又凿山挖道把水向东海引。

太白顶的土地爷和山神又喜又忧，喜的是禹王把水治好了，再也不怕大水了；忧的是水都流到东边去了，山西边百十里地没有水，老百姓咋过日子！他俩一商量，就找禹王去了。

禹王率领众神将劈山导水，已到了东边的祖师顶下。这里是三路

① 张振犁编著：《中原神话通鉴》（第四卷），开封：河南大学出版社，2017年，第1117页。

洪水汇集的地方，水大浪急，拦住了去路。禹王命童律和乌木久造桥，搬来多少石头都被大水冲走了，再搬，又被冲走了。一直架了三天三夜也没有把桥架起来。禹王一气，从腰里抽出金剑，轻轻一拍，金剑变得又宽又长。禹王把剑往洪水上一放，变成了大桥，这就是现在的“金桥”。

禹王架好了桥，命大军火速向东进发，导水入海。土地爷和山神这个时候也赶来了。他俩向禹王说，要给西山也分一点水。禹王一听，连着摇头说：“不行不行！我的治水大策是向东流，入东海，不能随意改呀！”

土地爷和山神一听这话，大哭了起来：“哎呀禹王，您光让水往东流，不胜把俺俩杀了吧！”

禹王听不懂他俩说的啥，瞪着眼“哼”了一声。土地爷和山神慌忙解释说：“您想吧，西山百十里没有水，要不了两年，山秃了，田干了，地裂了，百姓收不到粮食非出去要饭不可，谁还在家守穷等死？谁还给我们烧香上贡品？那我俩只有蹲在庙里饿死！禹王爷，您不念百姓也得念我们呀！”

“嘟！”禹王把脚一跺，说：“我费了千辛万苦，疏导百川洪水，全是为了天下百姓的生存！你俩信口开河，贪图私利。快走开！”

大禹说着指挥疏水队伍一直向东走，一边走一边挖，经安徽到江苏，修呀劈呀费了很大力气，把淮水引到了东海。

两年后，禹王率领众神顺汉水往上，去开挖济河。路上碰见两个用破帽遮着脸的要饭花子。他俩一见禹王扭头就走。

禹王喊：“喂！过来过来，我问个路！”

俩要饭花子一听这话拔脚就跑。

禹王命童律去把他俩拿来。童律紧走几步，一手抓了一个，丢在禹王面前。禹王一看，是太白顶的土地爷和山神。禹王问：“你俩咋是这身打扮呀？”

土地爷和山神说：“我们是出来逃荒的，混到这个地步没脸见人呀!”

禹王一问，才知道太白顶两边没河，老百姓只好靠天吃饭，下雨三天淹，无雨三天干，多下几天雨，山洪下来，遍地都是水，把山西边的田园庄稼冲了个精光。人们携儿带女讨饭去了。人一走，庙里香火也断了。

禹王不信，亲自带童律来太白顶西看了一下，洪水乱滚。禹王连说：“这里开一条河还是有道理的呀！不过这一开河，水就往西流了，不是自己坏了‘导水东流’的治水大策么！唉!”

童律见禹王为难，就踏上云头，登高远望了一番。他对禹王说：“要是从这里往西开条河，让水流入汉江，再由汉江入扬子江，从那里再入东海不也是导水东海吗?”

“有理有理!”禹王高兴地命童律和乌木久带领众山神立即查看水路，疏通河道。自己到太白顶把泉水分了一股儿，向西山流去。

大禹开这条河开得有理，这一带的人们称这条河为理河。后人在写《水经注》一书时，把“理河”写为“澧河”。[①]

从这个故事我们可以看出，大禹整个导洪东流的过程，都以维护人民的利益为出发点。虽然大禹在开始并没有考虑到洪水东流会出现哪些问题，但是随着问题慢慢地显现，大禹及时转换思维，改变方针，确保百姓的利益能够得到保障。

现如今，我们的生活越来越好，人民生活越来越幸福，务实开拓的精神仍然需要当代青少年学习。我们要把务实开拓精神贯彻到生活当中，付诸实践，以实现个人理想，成就伟大梦想。

---

① 张振犁编著:《中原神话通鉴》(第四卷),开封:河南大学出版社,2017年,第1172—1173页。

战天斗地：火烧水激，劈山浚川

战天斗地是形容以大无畏的英雄气概改造、征服自然，而大禹就是一名战天斗地的英雄。《尚书·禹贡》记载了大禹战天斗地的事迹："九山刊旅，九川涤源，九泽既陂。"①大禹也曾自述战天斗地的艰辛："予乘四载，随山刊木，暨益奏庶鲜食。予决九川距四海，浚畎浍距川。"②

在大禹所处的时代，劈山开道是一件非常艰难的事情。在神话传说当中，人们总是讲述开山神斧在劈山开道中发挥的作用。例如，黄河流域登封市流传的大禹治水神话《石门沟》就是这样讲述开山神斧的：

> 夏禹整天忙着开凿轘辕关，每天早出晚归，顾不得左右观看，没想到自己住家附近还有邻居泡在水里。一天早上，启吃过早饭到东山去玩，发现了这一情况，就趁父亲在家吃饭的机会，偷偷拿了父亲的开山斧，直奔东山而去。这把开山斧重二百多斤，没有力气是拿不动的。启虽然年龄幼小，但力气过人，拿起开山斧，只觉轻如鸿毛。他来到东坡，先在一块大石头上把斧刃磨了磨，并想试试斧刃是否锋利，于是就照着路旁的一块大石头用力劈去，只听"忽啦"一声，大石头像豆腐块似的分成了两半，后人就把他劈开的石头叫作"试斧石"。启一见此景，心中高兴万分，自言自语地说："斧刃还怪快哩！"他拿着开山斧直奔东山挡水的山崖而去。

① 王世舜、王翠叶译注：《尚书》，北京：中华书局，2012年，第87页。

② 王世舜、王翠叶译注：《尚书》，北京：中华书局，2012年，第40页。

夏禹吃完饭，不见了开山斧，四处寻找没有下落，心想一定是被儿子拿走了，就急忙出外寻找。半路上他发现启正拿着开山斧往东山上走，于是就大声问道："启儿，你拿开山斧弄啥哩?"启理直气壮地答道："俺要继承父业，开山治水，搭救黎民百姓!"说完，他来到挡水的山崖前，举起开山大斧，用尽平生的力气照着山崖猛劈下去，只听"轰隆"一声巨响，挡水的山崖被劈开一个像大门一样的缺口，山洼里的洪水从缺口处滚滚而下。从此，这里的水患消除了。当地的黎民百姓为了纪念启劈山治水的功绩，把他劈开的山崖缺口起名叫"石门"，把这条山沟起名叫"石门沟"。①

事实上，哪有什么开山神斧呢！那么，当时的老百姓是怎样劈山开道的呢？这就是古代的劈山开道之法——火烧水激法。

大禹治水"劈山导淮"不仅仅是虚构想象出来的神话故事，也是淮河流域涂山地区的老百姓口耳相传、代代延续下来的史实。经实地考证，"劈山导淮"是有地理形势、开凿经过、历史记载、实施现实性的伟大治水工程。2200多年前，李冰父子治理四川、修建都江堰时，据说也是采用了火烧水激的方法。

大禹治理水患，化堵为疏，离不开水烧火激这一方法。劈山的过程艰辛且工程浩大。在没有高科技支持的4000多年前，大禹治水过程中，火烧水激法提供了技术支持。劈山导水，开凿河道，火烧水激法是一种既简单又经济的方法。

大禹一生奉献给了治水事业，为百姓平安生活而奋斗。实际上，大禹治水主要有两个水利工程任务，目的都相同：一是劈山导水，主要解决高地堰塞积水；一是疏通河道，主要解决洼地洪涝积水。在今天，河南省栾川县依旧流传着解决高地积水的神话故事《石门》：

① 张振犁编著:《中原神话通鉴》(第四卷),开封:河南大学出版社,2017年,第1037—1038页。

栾川县北川潭头盆地，土沃人旺，村庄密布。潭头东三里处，有一散散落落的大村，它背靠山岭，南临伊水。那岭叫石门岭，村子就叫石门村。

说起石门村的由来，有这样一个传说。

在上古时期，潭头盆地原是一个茫茫湖泊。每逢大雨，山水涌入，湖浪翻腾，吞没渔船，祸及四周。先民们只好散居坡岭高地，伐林垦荒，水落时则驾舟下湖，捕鱼糊口，生活极其艰难。如此日月，已不知过了多少个春秋。

一天雨后，湖面上突然出现一只小舟，上面一位身着长衫、面庞清矍、白须飘胸的长者，轻松橹桨，时而四下张望，时而凝目深思，满脸焦急的样子。据后人说，他就是为治水"三过家门而不入"的大禹。大禹来到这里，白天驾舟湖上，查看地形水情，晚上则上岸同周围山民共商治水大计，为民解除水患疾苦。不知经过多少时日，他终于发现湖水东部深，西部则逐渐变浅，便断定湖底东低西高。而湖泊东部恰有一岭横卧南北，与东西走向的伏牛支脉相接，挡住湖水退路，造成积水，酿为灾患。于是，他就决心带领山民，劈山凿岭，开通水道，让湖水东泻，献出沃野良田。

不知经过多少人和多少个日月的辛勤劳动，终于在东岭与南山的接壤处，开出了一道状似巨型石门的豁口，湖水便倾泻而出，渐渐露出湖底一片沃野。从此散居湖泊四岭的先民们，便陆续下山开发良田，造屋定居，形成了不少村落。而居住在玉皇山凤凰台一带的先民，因定居在开凿石门的东岭之下，就把村名定为"石门"，一直延续到今天。[①]

解决洼地洪涝，有两种方法，一种是筑坝修堤，围堵洪涝积水；一种是疏通河道，排泄洼地洪涝积水。鲧治水，主要采用筑坝修堤的方法，是

① 张振犁编著：《中原神话通鉴》（第四卷），开封：河南大学出版社，2017年，第1102页。

堵的思维。大禹在治水的艰辛历程中，认真吸取父亲鲧的经验，总结大自然的洪水规律，转变思维，研究出疏导治水的方法。大禹具有务实开拓的精神，在治水上堵疏结合，以伟大的治水业绩而成为古代水利事业的开拓者。河南武陟县就流传着大禹采用堵疏结合的方法治水的神话故事《船城》：

很早很早以前，邙山东头北侧有座笔架山，阻滞黄河水流不出去，因此，从太行山到邙山之间全是一片泽国。大禹凿通了笔架山，黄河向东流了，但是从太行山到邙山之间还有不少河汊，到夏秋汛期，这儿又是一片汪洋。

为了开辟这一片土地，大禹带着数万民工，坐着大船来进行治理。他把船停在这一带腹地——也就是武陟县旧县城老城，分派一部分人筑黄河北堤，叫黄河靠邙山根流；分派一部分人疏通沁河道，筑沁河堤，让它向东南流入黄河。

完工后，黄河两岸露出了一大片肥沃的土地。谁知那只大船竟与土地连在一起，扒不动，撬不起。大禹无法只好留下了。后来，禹的子孙就在这条大船上建立了城。以后，黄河和沁河决口了无数次，城周围多次成为泽国，但城里没进过一次水。老百姓说："因为它是个船城，水涨船高嘛！"

解放前，这里还是县衙门所在地。老年人都见过衙门里有个高高的铁桅杆和铁锚。老百姓说，那还是大禹治水留下的大船的标记哩！[①]

疏通河道，排泄洼地洪涝积水，这是大禹治水最为成功的地方，也是务实开拓、思维创新的鲜明体现。浙江省浦江县流传的民间传说《康侯治水》就对大禹治水务实开拓精神的影响进行了生动的讲述：

---

① 张振犁编著：《中原神话通鉴》（第四卷），开封：河南大学出版社，2017年，第1078页。

康侯是古浦江一带的首领。他追随大禹治水，积极参与，献计献策，很得大禹赏识，大禹遂委派他负责浙江上游治理。康侯不负所望，按照大禹的治水方略，对浦阳江进行大刀阔斧的改道疏通治理。古浦阳江原来在盆地平原有十八个“之”字硬道，流水不畅，稍有大雨即患洪涝之灾，百姓苦不堪言。方案既定，康侯矢志不移，率领百姓挖堵塞，开弯道，筑堤坝，造良田。

康侯很为大禹三过家门而不入的事迹和精神所感动。他以大禹为榜样，立志大道而行，救民于水火。为便于观察江流水情，他离开舒适温馨的家，把居所搬到蒲阳江边的一处岩洞里。白天，他下山与百姓们一起开山挖石，清淤导流。晚上，他常常爬到岩洞山顶观江察水，思策悟道。一连数年，年年如此，坚持不懈，百姓有口皆碑。①

火烧水激，劈山导水；化堵为疏，疏通河道；从失败中总结经验，将理论付诸实践。这就是大禹治水开拓创新的精神总结。作为一位伟大的历史人物，大禹是我们学习的优秀榜样。大禹务实开拓的创新精神生生不息，一直在中华大地上流传。当代青少年不仅要学习大禹艰苦奋斗、人定胜天的创业精神，同样也要继承大禹的创新精神。

① 鲍黎明主编:《浦江大禹文化钩沉》,沈阳:白山出版社,2016年,第99—100页。

创新精神：因势利导，务实开拓

作为中华民族的集体记忆，大禹文化是中华优秀传统文化的重要内容。大禹是一个从神话故事中走出的英雄人物，大禹形象也经常出现在影视、话剧、舞剧等艺术表现形式中。大禹精神则是大禹文化的核心。当我们凝神注目黄河、淮河和长江滔滔水面的时候，我们就会发现大禹在此时此刻离我们的生活越来越近。特别是他在治理水患过程中坚持人与自然辩证统一、尊重自然因势利导的原则，给我们处理人与自然之间的关系提供了榜样示范。

习近平总书记在2020年9月30日举办的联合国生物多样性峰会上说过："我们要站在对人类文明负责的高度，尊重自然、顺应自然、保护自然，探索人与自然和谐共生之路，促进经济发展与生态保护协调统一，共建繁荣、清洁、美丽的世界。"[①]党的十八大以来，习近平总书记多次对生态文明建设作出重要指示，在不同场合反复强调，"绿水青山就是金山银山"，并提出"自然是生命之母，人与自然是生命共同体"的重要理念。马克思曾指出，人是自然界的一部分，人靠自然界生活。他认为，人类应在和大自然的互动中生产、生活、发展，不以自然规律为依据的人类计划只会带来无法控制的后果。恩格斯也指出："我们不要过分陶醉于我们人类对自然界的胜利。对于每一次这样的胜利，自然界都对我们进行报复。每一次胜利，起初确实取得了我们预期的结果，但是往后和再往后却发生

①《习近平外交演讲集》(第二卷)，北京：中央文献出版社，2022年，第265页。

完全不同的、出乎预料的影响，常常把最初的结果又消除了。”[①]

大禹治水尊重自然，善于利用地理形势疏导河流，治理水患。在黄河流域、淮河流域的民间故事中就有很多反映大禹治水的。河南唐河县就流传着大禹根据地势科学分流的民间神话故事《大禹导长江》：

相传大禹治水的时候，南阳盆地是一片汪洋。

据说大禹是从冀州过来的，坐着麒麟舟，带着治水大军。他在南阳盆地巡察三天三夜，累了，想抛锚定舟歇歇；一抛，咕咚水太深，锚抓不着底。麒麟舟在水里漂，一直漂到唐河南边祁仪镇一带。

大禹手下的大力士童律对大禹说：“伏牛山有对石柱，顶天高，我去搬来当个定锚桩。”这一说，大禹手下人都笑他瞎吹。童律脚点着水，真的搬来一对大石柱，立到祁仪镇东南的石柱山上。大禹在石柱上揽了舟，在祁仪镇扎下了大本营。

大禹带着治水大军在南阳盆地掘了两条排水沟，一条叫白沟，一条叫唐沟（就是现在的白河和唐河）。现在湖北境内有个双沟镇，正好是白沟和唐沟交界处，据说就是从那时得名。

排水沟一挖成，南阳盆地的水消了，大禹喜得不得了，心里只顾喜欢哩，连挽在石柱上的缆绳都忘记解了。水消完了，一瞅，麒麟舟就淤在稀泥里。后来这里建个集镇，起名祁仪，就是“麒淤”的谐音。[②]

尊重规律，因势利导是治理水患的一个重要方法。我们在治理水患时，首要的任务是了解自然，认识自然，只有这样，我们才能够取得治水的成功。这个故事告诉我们，大禹就是因为首先能够设身处地去了解自然，去认识南阳盆地的地理形势，花三天三夜观察南阳盆地，最终没有采

①《马克思恩格斯选集》（第三卷），北京：人民出版社，2012年，第998页。

② 张振犁编著：《中原神话通鉴》（第四卷），开封：河南大学出版社，2017年，第1174页。

用单一直接东流入海的惯常做法，而是用双沟分流的办法，将南阳盆地的洪水分一部分向南导入长江。

开山导水，修建排洪除涝水利工程，这是大禹治理水患的重要方法。河南偃师县境内就流传着治理水患的民间传说《水牛沟》：

偃师县高龙乡境内，有一个村子叫水牛沟。说起这个村名的来历，它与大禹治水还有联系呢！

相传大禹在洛阳一带治水时，喂有一头神牛。这神牛身高力大，既可负重，又可坐骑。陆上能疾驰，水上能奔腾，遇到急事，它还会腾云驾雾，"日行千里，夜走八百"。这神牛能通人性，懂人语，是大禹的得力助手。

一天，大禹和神牛一起，沿着崎岖的山路，从龙门向大谷关走去。几天来，他与神牛风里来，雨里去，历尽千辛万苦，战胜恶魔与洪水，已是人困牛乏。但为了造福人类，大禹与神牛仍在四处奔走，治理水患。刚才，大禹听说大谷关南边的颍阳江洪水暴涨，就急忙赶去察看。

大谷关是万安山的一个豁口，南边颍阳江水常经此豁口溅到山北，所以人们又称大谷关为"水溅口"或"水泉口"。大禹和神牛来到大谷关西侧，只见颍阳江水浊浪排天，呼啸怒吼，向北方奔腾而来。这洪水如不及时治服，不仅大谷关内的庄稼将被淹没，而且人畜也要受到大的伤害。但这突如其来的洪水如何去治，大禹一时想不出办法来。神牛见滔滔洪水向北滚动，不等大禹发号施令，便腾空而起，冲向洪水，张开大口喝起来。它喝了九九八十一口，把洪水全部喝进肚里。水灾消除了，神牛也筋疲力尽了。它稍一松劲，喝进肚里的洪水从屁股后排泄出来，把地上冲了一条沟，流进伊河。尽管神牛排出的洪水汹涌澎湃，但它是顺着壕沟流进伊河的，所以危害不大。大禹见神牛又树新功，非常感激。他来到神牛前慰劳，只见神牛喘了一口粗气，便卧下不动了。大禹心里一酸，泪如雨下。泪水冲掉了牛毛，神牛变成了石牛。

再说，自从这里有了这条沟，遇洪能排，遇旱能灌，使方圆左近的土地更加肥沃，旱涝保收。人们见这里风水好，便沿沟而居。形成的村子叫什么名字呢？有人就想起神牛的恩德，叫“神牛沟”，后来慢慢讹传为“水牛沟”了。时至今日，逢年过节仍有不少人到这里焚香烧纸，以表示对神牛的怀念、敬仰和感激。[①]

鲧禹治水，方法是不一样的。崇伯鲧治水，不看地理水势的实际情况，以堵截洪水为主。所以，治水失败，有其必然性。大禹治水，针对地理水势的实际情况，改堵为疏，效果自然明显。河南伊川县流传的民间传说《夏宝》就是对这种实事求是基础之上的思维创新的生动反映：

相传远古时期，黄河流域水患严重，百姓流离失所，处处一片哀号。尧体恤民情，特派鲧到黄河流域去治水。但鲧只知道“水来土掩”的办法，把所有通往黄河的河流，都用大坝堵死。鲧治水九年，不仅没有把水患治理，反而使到处的河水越聚越多，受害的面积越来越大。就拿龙门南来说，由于鲧把龙门山的一个豁口堵上了，山南变成了一片汪洋，人称五羊江。人们的土地被淹了，房屋被冲了，只好到高山上去避难。

…………

一天，夏禹举目远望，见龙门山西南方向有一座高山，花木葱茏，祥云环绕，就向那座山奔去。来到山前，他测量了山的高度，兴奋地说：“这座高山，洪水难以淹没。”谁知夏禹这句话，竟使这座本来就比较高的山变成了活山。水涨它也长，水落它不落。夏禹在这座山上扎下大营，开采五色巨石，运用五昧真火，炼成一只石船。夏禹乘坐这只石船，游遍龙门山南这一处汪洋的每一个角落，最后发现龙门山上原来被他父亲鲧堵住的那个豁口，认为在这里是开山排洪最好的地

① 张振犁编著:《中原神话通鉴》(第四卷)，开封:河南大学出版社，2017年，第1103—1104页。

方，就使出全身力气，抡起开山大斧，向龙门山砍去。只听“轰隆”一声巨响，山摇地动，火光飞溅。放眼望去，只见龙门山被砍开一个大缺口，洪水汹涌澎湃，通过这个缺口，向北流去。夏禹采石炼船的那座山，因夏禹曾称它为“高山”，后人就沿用此名。高山北麓的一个村子，也以“高山”命名。至今，高山上还有夏禹炼船剩下的石料。①

鲧禹治水，各有特点，也各有优势。但是在很多情况下，我们往往会以偏概全，在肯定以堵疏结合治水成功的大禹的同时往往否定以围堵筑堤治水失败的崇伯鲧。实际上，禹父崇伯鲧在平原地带治理洪水采用围堵筑堤的办法还是具有一定科学性的。在黄河流域的开封市就流传有肯定崇伯鲧治水方法的民间神话故事《大禹魂》：

黄河冲出壶口，来到一马平川的中原地区，奔腾咆哮，横冲直撞。水灵兽如虎添翼，大显神通，洪水再也不按大禹开挖的河道前进了，经常漫溢河槽，到处肆虐。洪水过后，像篦子梳过似的，将庄稼、房屋、人和牲畜一扫而光。

大禹来到中州地势最低、洪水危害最大的开封视察。面对生灵涂炭、荒无人烟的惨景，（他）不禁流下了痛苦的眼泪。他深知如果不采取高招降伏河妖水怪，半生奔波，前功尽弃。蓦地，他想起父亲从前治水的办法，倒很适于平原地区。阴阳五行，土能克水，运土筑堤，一定能扼制住洪水。

第二天，他把筑堤堵水的办法一说，大家都很赞成。人们先在洼地修筑了一座高台，让大禹站在上面观察水情，发号施令。大禹居高临下，对洪水动向了如指掌。他把令旗指向哪里，大批民夫就涌向哪里。肩挑人抬，人流如梭，一道道大堤平地而起，挡住了洪水的去路，

① 张振犁编著：《中原神话通鉴》（第四卷），开封：河南大学出版社，2017年，第1105—1106页。

人们不禁喜上眉梢。[①]

大禹治理长江，北水南流；治理淮河，劈山导淮；治理黄河，敢于创新。在治水的过程中，大禹不仅注重地理环境的勘测，尊重自然，因势利导，而且还集思广益，改变陈旧的治水思想，创造新的治水方式，为百姓们排忧解难，处处充满着勇于创新的精神。

创新是发展的第一动力。习近平总书记指出："必须把创新摆在国家发展全局的核心位置，不断推进理论创新、制度创新、科技创新、文化创新等各方面创新，让创新贯穿党和国家一切工作，让创新在全社会蔚然成风。"[②]创新发展是由科学创新精神支撑的。大禹因势利导、务实开拓的科学创新精神不仅是中华民族精神的历史渊源，更是值得我们当代青少年学习和发扬的精神。

如今，我们的生活幸福安康，很少会因为数不清的自然灾害而苦恼。能够拥有现在幸福安康的生活，我们应该感谢先人的创业奉献。我们更要学习他们因势利导、务实开拓的科学创新精神，建设我们的国家。青少年是民族的希望，祖国的未来，所以我们青少年更应该学习这种伟大的创造精神，并将这种创造精神转化为实际行动，为祖国的发展贡献出自己的力量，以永不懈怠的精神状态和一往无前的奋斗姿态为实现中国梦而努力奋斗。我们应该在努力实现中国梦的同时，找到自己的人生价值，成就梦想，放飞理想！

① 张振犁编著：《中原神话通鉴》(第四卷)，开封：河南大学出版社，2017年，第1047页。

②《十八大以来重要文献选编》(中)，北京：中央文献出版社，2016年，第792页。

自律篇

禹狄坊和黄酒

“禹狄坊”位于安徽省蚌埠市怀远县内涂山风景区的山脚下，是安徽禾泉农庄内一座青砖小瓦的酿酒作坊，其名称来源于仪狄造酒的民间传说。坊内有酒池、酒缸、酿酒器具和酤酒表演。史料记载，仪狄“作酒而美”，“始作酒醪”。禹狄坊就是根据仪狄造酒的传说而重新仿照出的造酒作坊。

传说，禹狄坊最早叫仪狄坊，是中国最早造酒的地方。它由茅草土坯搭架而成，分为地面和地下两层空间，地面空间用于造酒，地下空间用于储存。其总体面积数亩有余，背阳向阴，便于酒的发酵。其内部造酒所需的酒池、酒缸、酿酒器具一应俱全。不仅如此，在治水工匠饮酒时，还有专门的沽酒表演供工匠观赏，让治水英雄们在闲暇之余能够得到精神上的放松，以便更好地投入工作。应该说，禹狄坊不仅是造酒作坊，也是当时工匠休闲娱乐的场所，类似于酒馆。

在那个时候，因为条件和技术上的一些限制，酿造出的酒主要是黄酒。而且，这种黄酒因为独特的天然发酵方式，度数比现在的黄酒高得多，属于典型的烈酒。这也就导致了禹王喝完酒连睡三天而不醒，吓坏了仪狄。大禹生怕耽误治水进程，因此下令不许造酒。然而，在治水的后期，善良的仪狄仍然会不时应工匠请求帮忙造一些酒，帮助这些常年浸泡在水中的劳工缓解风湿带来的疼痛，利用酒精的作用帮助他们忘却相思之苦，同时借酒壮志帮助他们应对现实困境，使他们全身心地投入治水工作中。

仪狄酿造的黄酒虽然美味，却十分单一。现如今，随着粮食种类的丰富和酿酒技术的提高，黄酒的品种也越来越多，名称更是丰富多彩。最为常见的黄酒分类方法是按产地来命名，如房县黄酒、代州黄酒、绍兴酒、金华酒、丹阳酒、九江封缸酒、山东兰陵酒、河南双黄酒等。这种分法在古代较为普遍。还有一种是按某种类型酒的代表作为分类的依据，如“加饭酒”，往往是半干型黄酒；“封缸酒”（绍兴地区又称为“香雪酒”），表示甜型或浓甜型黄酒；“善酿酒”，表示半甜酒。还有的是按酒的外观（如颜色、浊度等）进行分类，如清酒、浊酒、白酒、黄酒、红酒（红曲酿造的酒）。还有的是按酒的原料进行分类，如糯米酒、黑米酒、玉米黄酒、粟米酒、青稞酒等。

古代还有煮酒和非煮酒的区别，甚至还有根据销售对象来分的。如“路庄”，具体的如“京装”，即清代销往北京的酒。还有一些酒名，则是根据习惯称呼，如江西的“水酒”、陕西的“稠酒”、江南一带的“老白酒”等，这些称呼都带有一定的地方色彩。

要想准确知道黄酒的类型，还得依据现代黄酒的分类方法。中国黄酒的主要流派分别为以绍兴黄酒为代表的江浙流派、以客家黄酒为代表的客家流派以及以孝感米酒为代表的湖北流派等。自2009年以来，由中国文物保护基金会组织专家学者对黄酒文化进行了发掘保护，提出可以根据酿造黄酒所使用的曲种分为“麦曲黄酒”和“红曲黄酒”。

禹狄坊虽然是涂山风景区的一道景观，黄酒也是诞生于淮河流域涂山地区的地方特产，但是禹狄坊和黄酒（仪狄造酒）却以民间传说的文化遗产形式共同见证了中华民族五千年的酿酒历史，内含了勤劳勇敢、自强不息、严于律己的民族精神。它们不仅给我们的生活提供了帮助，也激励了一代代的中华儿女砥砺前行。

五音和乐器

《淮南子·氾论训》记载了这样一则故事："禹之时，以五音听治。悬钟鼓磬（qìng）铎（duó），置鞀（táo），以待四方之士。为号曰：'教寡人以道者击鼓，谕寡人以义者击钟，告寡人以事者振铎（duó），语寡人以忧者击磬，有狱讼者摇鞀。'"①由此可见，鼓声、钟声、铎声、磬声和鞀声在夏朝承担着重要的社会功能。

夏朝的"五音听治"为大家所熟知，而作为音阶的"五音"则继续在中国历史上承担重要的职能。五音究竟是什么呢？作为古代音阶的五音是指宫、商、角、徵、羽。《淮南子·天文训》解释道："凡十二律，黄钟为宫，太蔟（cù）为商，姑洗为角，林钟为徵，南吕为羽。"②

音乐在早期常常与舞蹈组合在一起，构成"乐舞"，除了起到观赏的作用之外，还常常起着占卜的功能，王朝常常凭此来卦算兴衰、前途命运等。这也使得五音具有一丝隐性的政治价值和神秘色彩。《礼记》就将五音与"土、金、木、火、水"五行配属，认为"宫音"代表天子，统帅"众音"，"商音"代表臣子，"角音"代表百姓，"徵音"代表政事，"羽音"代表万物。

大禹"五音听治"所使用的五种乐器独具特色。所使用的材料、所发声色各有不同。

鼓是打击乐器，多为圆筒形或扁圆形，中间空，一面或两面蒙着皮

① 陈广忠译注:《淮南子》,北京:中华书局,2012年,第739页。

② 陈广忠译注:《淮南子》,北京:中华书局,2012年,第155页。

革。许慎《说文解字》释义为："郭也。春分之音，万物郭皮甲而出，故谓之鼓。从壴；支，象其手击之。《周礼》六鼓：雷鼓八面，灵鼓六面，路鼓四面，鼖鼓、皋鼓、晋鼓皆两面。凡鼓之属皆从鼓。"[①]

钟是古代一种盛酒的器皿。许慎《说文解字》释义为："酒器也。从金，重声。"其注释为："段玉裁《说文解字注》：'古者此器盖用以宁（zhù）酒'，故大其下、小其颈。"[②]"宁"通"贮"，存储的意思。

铎是器型较大的铃。许慎《说文解字》释义为："大玲也。军法：五人为伍，五伍为两，两司马执铎。从金，睪声。"其注释为："段玉裁《说文解字注》：'谓铃之大者。说者谓军法所用金铃、金舌，谓之金铎；施令时所用金玲、木舌，则谓之木铎。'"[③]

磬是灵璧石制作成的敲击乐器。许慎《说文解字》释义为："乐石也。从石、殸（qìng）。象县（xuán）虡（jù）之形。殳，击之也。古者毋句氏作磬。"[④]象县虡之形是指像古代悬挂钟或磬的架子两旁的柱子的形状。毋句氏是尧的大臣。

鞀是有柄的小鼓。许慎《说文解字》释义为："鞀辽也。从革，召声。"其注释为："鞀，又名鞀辽，本王筠说。《周礼》注曰：'鼗如鼓而小，持其柄摇之，旁耳还自击。'按，今为长柄的摇鼓，俗称拨浪鼓或货郎鼓。"[⑤]

如今的乐器类型丰富多样，主要包括弦乐器、木管乐器、铜管乐器、键盘乐器和打击乐器。弦乐器分为弓拉弦鸣乐器和弹拨弦鸣乐器。木管乐器有唇鸣类和簧鸣类。铜管乐器有小号、短号、长号、圆号、大号。键盘乐器有钢琴、管风琴、手风琴、电子琴。打击乐器有定音鼓、木琴、小鼓、大鼓、三角铁、铃鼓、响板、砂槌、钹、锣。它们既可独奏，也可以合奏，既可以创造表达民族风情的作品，也可以创造贴近平民乡野的民间

① 汤可敬译注:《说文解字》,北京:中华书局,2018年,第983页。
② 汤可敬译注:《说文解字》,北京:中华书局,2018年,第3012页。
③ 汤可敬译注:《说文解字》,北京:中华书局,2018年,第3042页。
④ 汤可敬译注:《说文解字》,北京:中华书局,2018年,第1922页。
⑤ 汤可敬译注:《说文解字》,北京:中华书局,2018年,第581—582页。

小调。

早期社会，五声音阶的创造使得音乐得以产生，人们通过创造音乐来认识生活和反映生活，并用音乐来表达自己的意愿，传达自己的意志。鼓、钟、铎、磬和鞀这五种乐器被大禹当作听取社情民意的手段。禹重视民众的呼声与要求，因而得到了民众的拥护，稳定了国家的统治。

鼓、钟、铎、磬和鞀这五种乐器及其对应的五音从大禹时期到如今，经历千年洗礼，已然蜕变成为人们日常生活中必不可少的音乐，只是现在的音乐与大禹时期的音乐有着不同的社会职能。无论如何，音乐在陶冶人民的情操等方面一直起着重要作用。

羽山和崇伯鲧

羽山位于江苏省连云港市东海县与山东省临沂市临沭县交界处，海拔269.5米，是东海县的最高峰。其东西长约3千米，南北宽约1.5千米。东西两峰均高100米左右。羽山有三座山头，是典型的“山”字形。山中岩石主要为花岗岩，土壤为砂砾棕壤。不要看羽山孤零零地、默默无闻地矗立在那里，它背倚齐鲁，襟怀吴楚，是一座名垂青史的千古名山，是连云港市第一个见诸史书的地名。

作为拥有悠久历史的名山，羽山古迹众多，山上有“殛鲧泉”“三缝石”“石龟”“大墓头”“龙卧沟”“羽渊”“三官庙”“出云洞”“大滑石”“凤凰石”等。其中，“羽山殛鲧”的故事流传最为久远。

《山海经》《尚书》《史记》《拾遗记》等许多古籍都记载有“羽山殛鲧”的故事。“羽山殛鲧”最早见于《山海经》。《山海经·南山经》首先描述了羽山的特征：“又东三百五十里，曰羽山，其下多水，其上多雨，无草木，多蝮虫。”[①]然后，在全书的结尾处，《山海经·海内经》简要记载了“羽山殛鲧”的神话：“洪水滔天。鲧窃帝之息壤以堙洪水，不待帝命，帝令祝融杀鲧于羽郊。”[②]《尚书·尧典》则说：“流共工于幽州，放驩兜于崇山，窜三苗于三危，殛鲧于羽山，四罪而天下咸服。”[③]

“羽山殛鲧”故事的关键人物就是大禹的父亲鲧。《史记·夏本纪》记

① 袁珂译注：《山海经全译》，北京：北京联合出版公司，2016年，第7页。

② 袁珂译注：《山海经全译》，北京：北京联合出版公司，2016年，第289页。

③ 王世舜、王翠叶译注：《尚书》，北京：中华书局，2012年，第21页。

载："禹之父曰鲧，鲧之父曰颛顼，颛顼之父曰昌意，昌意之父曰黄帝。"鲧是上古时代汉族神话传说中的人物，姓姬，字熙，是黄帝的曾孙、昌意的孙子、颛顼的儿子、大禹的父亲、夏启的祖父。鲧被尧封于崇地，为伯爵，故称崇伯鲧或崇伯，约公元前2037年至公元前2029年在位。

在连云港，"羽山殛鲧"的民间传说是这样讲述的：尧舜之时，洪水滔天，蛇虫肆虐，黎民苦不堪言，鲧奉舜命治水，四年无功，却毫不悔悟，仍在东海之滨羽山一带堵截不止。舜在愤怒之下，授予祝融一把宝剑，命其前往杀鲧。祝融接了殛鲧剑，不远千里来到羽山，累得满身是汗，坐下休息，让风吹干了汗水，先行祭剑。试剑之后，将鲧斩首。鲧的尸体堕入"羽渊"，化为元鱼（龟）。元鱼腹中窜出一条虬龙，这条虬龙就是大禹王。禹继命治水，总结其父教训，变堵拦为疏导，经过13年艰苦治理，疏通了九条大河，消除了天下水患，继舜位为王。"羽渊"中的龟就是禹父鲧的化身。故中华庶民对龟十分崇拜，把麟、凤、龟、龙称为"四灵"。山不在高，有仙则名。水不在深，有龙则灵。羽山既是殛鲧化龟处，又是治水英雄禹的诞生地，因而在中华民族文化史上成为一座名山。

仪狄造酒[1]

大禹治水会诸侯的涂山脚下，有一青砖小瓦、雕梁画栋的酿酒作坊，名曰“禹狄坊”。坊内有酒池、酒缸、酿酒器具和沽酒表演。该坊取名“禹狄坊”，与夏禹时期仪狄造酒传说有关。

大禹治水，东奔西走，年近三十还未婚娶，生活自然没个照应，整天饥一顿饱一顿的。舜帝得知，放心不下，忙着给大禹当红娘、月老，都被大禹以治水太忙，无暇顾及个人婚姻而婉言谢绝。舜帝无奈，只好博采众人计策，给大禹送一名干女儿，照料大禹生活。

这干女儿为淮夷族一位十一二岁的女孩，名叫仪狄。仪狄小姑娘，不仅人长得俊，心眼好，手也巧，穿针引线，缝补浆洗样样在行，还做得一手好饭菜。当年，淮河洪水泛滥，仪狄的父母和数百村民葬身鱼腹，是舜帝收养了这位失去双亲、刚两岁的孤儿。仪狄在舜帝家一待就是十年，做人的礼仪和餐饮、女红等无所不知、无所不能、无所不精。仪狄奉旨到来，大禹十分高兴，当天就按部落礼仪举行了父女相认的庆典。从此，大禹有了心肝宝贝女儿，仪狄也有受人尊敬、顶天立地的父亲。大禹是个勤奋的人，每天鸡刚鸣叫就带着人马到工地上劈山挖河，仪狄也起身生火做饭，缝补浆洗，然后迎着一轮红日，到工地上给大禹送饭。

这一日舜帝派人给治水大军送来了许多谷米。这谷米，也就是我们今天说的粟米，金灿灿，黄澄澄，煮成干饭后甜滋滋、香喷喷。仪狄心想父

---

① 本故事节选自李焕俭编著:《魅力涂山》,合肥:时代出版传媒股份有限公司、黄山书社,2015年,第243—244页。

亲大禹每次从工地回来，摘了山果舍不得吃留给自己，从河里摸到河蚌、捉到鱼虾什么的，煮熟后也都拣大的好的盛给自己，自己自然也舍不得吃那小米干饭。她小心翼翼地将米饭盛入陶罐，便唱着山歌赶路给父亲大禹送饭。走啊走啊，走到工地上，四下张望，不见一人。此时，仲夏季节，南风劲吹，暑热升腾。仪狄热得头昏脑涨，生怕自己跌倒摔坏了陶罐，让父亲挨饿，便把盛有小米饭的陶罐藏入一个大树洞中，自己靠着大树等候父亲。谁知左等不见父亲，右等不见父亲，她两眼一黑便昏了过去。大禹发现后将仪狄抬回家中医治，仪狄第三日方才苏醒。仪狄睁开两眼，想起树洞中的米饭，放声大哭，执意要找。等到从树洞中掏出那个罐子，米饭已变成了一汪黄水。众人说，这饭已坏了，干脆倒掉吧。仪狄感到可惜，就将那罐米饭暂时放在了一边。没想到一阵清风吹来，那罐中的黄水飘出扑鼻的香味，还夹杂点甜丝丝的味道。仪狄已三天三夜没吃东西，又饥又渴，悄悄端起罐子喝了一些，顿时感到辣中有香，香中有甜，满脸红光，浑身热乎乎的，精神也好了起来。大禹觉得奇怪，尝了一些，也感到全身舒服，精神振奋，连声说道："好东西，好东西，真是好东西哪！"仪狄想，既然父亲说好，何尝不再做一些试试呢？于是，照着上次的样子又做了一罐米饭，存入树洞，饭上还特意盖了片荷叶。又过了三天，那米饭果然又变成香喷喷、甜滋滋的黄糟水了。这一回味道比上一回更美。大禹回来，高兴得一饮而尽，连声说："好，好，味道真好哇！""光说好也不行哪，这汤水叫什么名字呢？"仪狄问父亲。大禹略一思索说："米饭放'久'了变成了汤汁，干脆就叫它"酒"吧。"仪狄说："那好哇，就叫酒！"

大禹喝了酒，话慢慢地多了起来。这天晚上大禹喝多了，一觉睡到日上三竿。大禹见自己因酒误了上工，说："仪狄，昨晚我喝了多少酒？"仪狄说："父亲，您喝了一大罐呢！"大禹说："误了我的大事了，今后不许造酒了，这是禁令。"仪狄说："是！"

大禹一心治水，时间一长，便把这事给忘了。大禹手下那些尝过美酒的人却忘不了酒，暗地里撺掇说："仪狄姑娘，你就再造些酒让我们解解馋吧！”仪狄说：“父王有令，违者重罚，这酒是万万不能造的。”后来治水成功，大禹在涂山脚下要大会诸侯，还要与涂山氏国最美貌、最贤惠的女娇姑娘结为夫妻，众人来了一拨又一拨游说大禹：“这样的盛会，这样的庆典，这么多的诸侯，怎么能没有那美酒呢？”大禹说：“好，就让仪狄姑娘带着一帮人用山泉之水煮饭，造几十罐涂山美酒吧。”

从此，世上就有了这样的传说：第一罐酒的诞生地点是蚌埠涂山，第一个造酒的人是仪狄，第一个禁酒和批准造酒的人是大禹，第一个将酒用于诸侯相会和结婚庆典的也是大禹。为纪念仪狄在涂山发明美酒，后人就在这里建了禹狄坊。

五音听治①

话说大禹治水成功后住进王宫里，生活舒适了，心情却烦躁起来。

一日，他叫来谋士，帮助找找原因。谋士说：“禹王，您可知道，自住进王宫后，您少了些什么吗？”

“没有啊，”大禹很纳闷，“相反，门外多了人站岗，室内多了人服侍，我是应有尽有啦！”

“真的没有？”谋士继续说，“禹王您细细想想，近日来找您的人是不是少了很多？”

“是呀！”大禹恍然大悟，“以前，我和百姓住在一起时，家里总是客人不断。这个来提提建议，那个来谈谈情况，有诉益有诉苦有交心。我就能及时了解民情，听到好的意见。现在，百姓不能随便进入王宫了，我怎能不感到孤单？不感到烦闷？”

想到这里，大禹陷入了沉思：我一定要广招贤才，虚心纳谏，让百姓中的人才脱颖而出，让百姓有地方可讲话，有地方能诉苦。

“那想个什么样的办法呢？对，有了！”大禹很快想到了办法。他立即吩咐有关官员制作了钟、鼓、磬、铎、鞀悬挂于王宫门口，并通告天下：“凡有人要和我商量国家大事的，就敲钟；有人要告诉我做人道理的，就打鼓；有人要告诉我发生的事情的，就振铎；有心事要反映的，就击磬；有冤屈要告状的，就摇鞀。”通告一出，人心振奋，个个为有禹这样贤明

---

① 本故事节选自绍兴市区社区教育委员会、绍兴市教育委员会编：《大禹传说故事选》，绍兴：绍兴市区社区教育委员会、绍兴市教育委员会编印，1995年，第41—43页。

的君主而高兴，来王宫的人络绎不绝，有计者献计，有冤者申冤，中华大地一片祥和。

大禹也因此收集到了许多好的计谋，身边汇聚了一大批智勇双全的贤士。大禹广招贤士，虚心纳谏，美名流传千古。

大禹自责[1]

这天，雨过天晴，禹决定分两路察看民情。命大章等从东方到西方，自己与益和竖亥等从南方到北方。到了江南，禹等一行人乘船而下，见洪水乖乖地从疏通的河道咆哮而去，黎民百姓安居乐业，心中甚是高兴，开心地继续南行。

不一日，来到苍梧地界，见前面村口围着一群人。走近一看，见席下柱子上绑着一个蓬头垢面的青年，旁边站着两个吏卒。禹收起笑容，眉头紧锁，两眼直盯着被绑的青年。他拨开人群，问吏卒道："此人何故受缚？"

吏卒答道："此人夜盗民宅，犯了国法。"

禹走到被绑青年的身边，理顺了他蓬乱的头发，抚摸着他坚实的肩膀，竟放声痛哭起来。众人见了深感奇怪，人群一阵骚动，有的竟交头接耳，窃窃私语："莫非此人与禹帝沾亲带故？"

两个吏卒一听此言，吓出了一身冷汗。禹的助手益素知禹执法严明，决不会因亲之故而如此痛哭。但一时也想不出原委，便不解地问："这位青年身犯国法，理应受到惩罚；把他抓了起来，说明地方官吏赏罚分明，理应受到称赞。禹帝为什么反而痛哭流涕呢？"

禹止住了哭泣，怀着极其沉痛的心情向大家说出痛哭的原因："此人犯法，理应惩治，我怎么会去哭他，而是哭我自己呀！尧帝、舜帝治理天

① 本故事节选自绍兴市区社区教育委员会、绍兴市教育委员会编：《大禹传说故事选》，绍兴：绍兴市区社区教育委员会、绍兴市教育委员会编印，1995年，第35—37页。

下，能做到百姓所想的与自己所想的一样，所以，就不会有人去干犯法的事了。我今身为帝王，百姓千辛万苦跟我一起治平了洪水，我有责任使百姓有吃有穿、各得其所。可是时至今日，还有这样的年轻人在犯法。虽然有他自己的过错，但也说明我道德浅薄，治理国家尚有疏漏之处，未能教育感化好百姓，岂不叫我痛心！”

于是，禹身体力行，经常巡视民间，以实际行动感化万民，最后达到了众心归一。

以身为度：劳身焦思，以身作则

作为一位历史圣人，大禹被先秦诸子所称道。墨子曰：“昔禹之湮洪水，决江河而通四夷九州也。名山三百，支川三千，小者无数。禹亲自操橐耜，而九杂天下之川。腓无胈，胫无毛，沐甚雨，栉疾风，置万国，禹大圣也而形劳天下也如此。”[①]墨子将大禹评价为“大圣”，原因是“形劳天下”。这是对大禹的丰功伟绩和道德品行的最好赞誉。

伟大的史学家也继承先秦诸子的传统，高度赞誉大禹。《史记·夏本纪》也说：“声为律，身为度，称以出；亹亹穆穆，为纲为纪。”这句话的意思是指说话的声音符合音律，行为举止符合法度，做人的重要准则规范因此而被树立。勤勉端庄，可亲可敬，成为时人共同遵守的法度纲纪。这里的“身为度”也可以理解为“以身为度”和“以身作则”，以自己的身体力行作为法度和准则。这是司马迁给予大禹的道德评价。实际上，这句话体现的是大禹克勤克俭、严于律己的自律精神。

大禹为什么会被墨子和司马迁给予这么高的评价呢？这主要在于大禹克勤克俭、严于律己的自律精神为我们树立了万世师表的榜样。严于律己，以身为则，是自律；为国克勤，为人克俭，是自觉。无论是有人监督，还是无人监督，一个人都能够按照道德规律和规则行事，进行自我管理自我约束，体现出高度的自觉性和自律性，这是人生的最高修养。大禹就是这样一个人。他会因为喝酒误事而禁酒（仪狄造酒），他会因为为国克勤而鼓励民众监督（五音听治），他会因为目睹灾祸罹难而自责（大禹

① 郭庆藩撰，王孝鱼点校：《庄子集释》（下册），北京：中华书局，2012年，第1071页。

自责）。劳身为“身执耒臿以为民先。股无胈，胫不生毛，虽臣虏之劳不苦于此矣”[①]，焦思则“伤先人父鲧功之不成受诛”，以身作则为“薄衣食，致孝于鬼神。卑宫室，致费于沟淢”（《史记·夏本纪》）。

他顶风冒雨，风餐露宿，四处奔波，身先士卒，带头苦干。为完成治平洪水、拯救百姓的伟大目标，大禹以身作则，节衣缩食，吃最差的饭菜，穿最差的衣服，住最差的房子，把所有财物都用于治理洪水事业上。他白天带领人们开山辟地，战斗在治水第一线；晚上苦苦思索，寻找治理洪水的最好方法，不辞辛苦地走遍千山万水。一年四季，他都在为治理洪水而奔波忙碌，劳身焦思。正是因为大禹能够克勤克俭、严于律己，具有以身作则的自律精神，所以，他才能够带领老百姓治理好洪水，完成创世伟业。

大禹治水足迹留得最多的地区是黄河流域。在黄河流域，河南省登封市就流传着反映大禹劳身艰苦、克服思念的民间传说《鲧禹治水》：

> 大禹出外治水重活脏活抢着干，哪里艰苦哪里去。他铲土凿石，手上磨掉了指甲，脚底打满了血泡，腿上磨去了毫毛，肩背生成了老茧。他不肯休息，忘我劳动，成了大家的表率。但是，他积劳成疾，生了偏枯之病，脸上又黑又瘦，嘴尖颈细。走路时，左脚迈不过右脚，右脚越不过左脚，只能前腿拖着后腿一步步地走，人称为“禹步”。但他仍旧带领人们战斗在风雨里、山水间。人们说：“他真是人民的好公仆，他为人民受尽了劳苦。”
>
> 一晃，十年过去了。十年，三千六百个日日夜夜，禹没有见着自己的妻子。他不想念吗？想，但一心为治理洪水，这种思想压过了对妻子的想念。他一次都没有回家吗？没有。十年中，他三次路过家门口，都顾不得拐进去看看。[②]

---

① 钟利戡、王清贵辑编：《大禹史料汇集》，成都：巴蜀书社，1991年，第144页。

② 张振犁编著：《中原神话通鉴》（第四卷），开封：河南大学出版社，2017年，第1112页。

在黄河流域，大禹遭遇的治水难题不计其数。在民间神话中，大禹解决这些难题，要么是借助神仙，要么是借助神物，要么是借助神力。即便如此，大禹也会像正常人一样，为难题焦虑，为任务焦急，为治水忧愁。河南禹州市民间传说《打开龙门口》就是这样描述大禹劳身焦思、敢于担当、为民造福的：

为治理洪水，大禹带领部下常年出入于洪水之中。几年过去了，他虽然累得筋疲力尽，可是洪水仍然有增无减。他眼睁睁看着良田被淹没，房屋被冲垮，成千上万的百姓淹死在洪水里。看着这凄惨的景象，他心里像刀割一样难过。他日夜思考着治理洪水的办法，可是一直没有头绪。为此他愁得吃饭不香，睡觉不甜。

正在发愁，部下又来报告，说是洪水仍在上涨，又淹没了很多土地和村庄。大禹来到水势凶猛的龙门查看，他对着脚下的一片汪洋叹息，落泪。此刻，忽然听到不远的地方一个樵夫高声唱道："打开龙门口啊，旱坏那吕梁江哪……"他听到樵夫这样唱，心头不觉一震，觉得樵夫这两句山歌很有道理，很受启发。于是他便迫不及待地来到樵夫跟前，深施一礼，问道："请问老伯，您唱的这两句山歌是什么意思？"

樵夫摘下草帽扇着风说："我是笑大禹太无能了，他治水已好几年，可是治来治去还不见有个眉目。"大禹见他话里有话，急忙追问道："请问老伯，依您说这洪水该如何治理才好？"老人一抹胡须说："依我看要彻底治住水患，不能光靠堵截，只有疏通才行。要是把这座山打开，一切问题都迎刃而解了。可惜老汉我年事已高，无能为力呀！"老汉说罢，化作一阵清风不见了。

老汉走后，地下留下一柄砍柴的斧子。大禹看着那座山，心里顿时来了气："要不是你挡住水路，百姓怎么会受那么大灾难，我恨不得一下把你劈成两半！"说罢他抡起大斧狠狠地朝大山劈去。只听得山崩地裂一声巨响，大山一下被劈成了两截，洪水顺着山口向外涌去。没多久，大地上的洪水消退了，从此百姓们有了安居乐业的生活。①

大禹治水走遍全国各地。从黄河流域到长江流域，到处都留下了大禹忙碌治水的足迹。如今，在长江流域，四川岷江沿线的汶川、北川，湖南湘江沿线的衡山、岳阳，浙江浦阳江沿线的绍兴、浦江，大禹治水遗迹仍然可以看到一二。在绍兴，大禹在会稽山大会诸侯，去世后葬在会稽山。在浙江，大禹遗迹以大禹陵最为出名。这里也流传着大禹艰苦治水、以身作则的民间传说《夏履桥的故事》：

现在绍兴一带古称大越。四千多年前，这里经常遭受洪水的侵袭，海里的潮水涌上来，山上的洪水泻下来，波涛像脱缰的野马，咆哮奔腾，使绍兴这块平原沃土变成了一片汪洋。百姓叫苦连天，纷纷逃到山冈高丘，过着野人般的生活。

夏禹了解到大越人民受这样的灾难，忧心忡忡地火速赶来。他看到和听到百姓的种种惨状，心如刀割，恨不得一夜间就把洪水赶走，解救百姓的痛苦。他发誓要与洪水战斗到底，并立即就地集合了一批身强力壮的大汉，组成了一支治水大军，摆开了治水挡潮的阵势。他看地形，察水情，疏河道，筑海堤，干个不停。有人叫他歇一下听听好的音乐，他说现在没有工夫听。经过涂山自己家门，听到儿子哇哇地在叫，他也没空进去看一看。

有一次，夏禹疏江排水、长途跋涉到现在萧山县与绍兴县接壤的地方，脚上穿着的鞋不知什么时候丢了，全不知晓，光着脚向前走着。

“禹司空，你脚上的鞋哪里去了？快把它寻回来穿上。要不然，脚会起血泡；倘若被尖石头戳破，就会烂个不停！”有人见了向禹大声招呼。

① 张振犁编著：《中原神话通鉴》（第四卷），开封：河南大学出版社，2017年，第1095—1096页。

“鞋脱丢在哪里我也不知道，没有办法找了，算了，治水要紧。赤脚没关系，我脚底早已磨起了一层厚茧，茧厚了刀山也可闯，还怕几颗尖石头吗?”夏禹边说边笑边继续大步往前走。

大伙看到夏禹这样奋不顾身，心里十分感动，劲头也更足了。劈山的劈山，砍木的砍木，掘土的掘土，开河的开河，个个都奋不顾身，累了不喊苦，受伤不喊痛，终于把洪水排向大海，把潮水挡在堤外。

洪水退走后，人们从山冈高丘回到了平原沃土，建舍安居，耕种庄稼。多少年以后，有人在大禹走过的河流边发现了鞋，经大家辨认，一致认为这是夏禹丢失的。为了纪念这位劳苦功高的夏禹，便在夏禹失履的那条河上建造了一座石桥，名叫“夏履桥”，这桥现在绍兴县夏履镇。①

司马迁总结的“以身为度”，就是说大禹用自己的行动告诉大家什么是为人处世的法度。身体力行，勤勉劳苦，以身作则，自我约束，有不需要老百姓监督的自觉性，全国各地流传的大禹神话和历史文献记录的大禹事迹都反映了大禹以身为度、以身作则的自律精神。经过千年的沉淀与洗礼，大禹以身为度、以身作则的自律精神依然被人们铭记与缅怀，已然成了中华儿女无法泯灭的民族印记。

① 参见徐德明:《大禹与绍兴》，绍兴:绍兴市文物管理处编印，1995年，第39—40页。

以声为律：体察民情，五音听政

以声为律，字面意思就是说话要符合音律。在尧舜时代，诗歌就要抒发思想志向，歌曲就要表达思想感情；歌声不仅要依靠思想情感动人，还要合乎发声音律要求。因此，“诗言志，歌咏言，声依永，律和声。八音克谐，无相夺伦，神人以和”[①]。不仅如此，乐器演奏也要音韵和谐，而不要杂乱无序，否则就会产生不和谐的音。从欣赏的角度来看，人们只有听了符合音调规律的旋律才会感觉到音乐优美。

根据大禹神话故事《五音听治》来看，乐器发出的声音应该有一定的规律，体现特定的含义。这种特定的含义意味着，听到什么样的声音，就能够判断出什么样的情况。《诗经》的《毛诗序》是这样阐述音乐与国政的关系的：“情发于声，声成文谓之音。治世之音安以乐，其政和；乱世之音怨以怒，其政乖；亡国之音哀以思，其民困。”[②]

大禹就是根据乐器的声音来判断民众办事的意图的：“教寡人以道者击鼓，谕寡人以义者击钟，告寡人以事者振铎，语寡人以忧者击磬，有狱讼者摇鞀。”[③]这就是五音听政的来源：鼓声具备为国建言献策的功能，钟声具备喻人处世事理的功能，铎声具备汇报情况动向的功能，磬声具备叙说忧愁疾苦的功能，鞀声具备诉讼告状申冤的功能。总之，以声为律不仅仅是说话要符合音律，而是要借助音声的规律体察民情，了解社会，就是

① 王世舜、王翠叶译注：《尚书》，北京：中华书局，2012年，第21页。

② 王秀梅译注：《诗经》，北京：中华书局，2015年，第3页。

③ 陈广忠译注：《淮南子》，北京：中华书局，2012年，第739页。

以乐器之声的特有功能来达到体察社情民意的目的。

体察民情，要么衙门挂榜鼓励，广泛听取人民的意见，从而造福于民；要么深入民间采风，了解社情民意，察看国政的得失正误，闻知“王道衰，礼义废，政教失，国异政，家殊俗”[①]。

《五音听治》的故事就是第一种，衙门挂榜鼓励。大禹在衙门口悬挂鼓、钟、铎、磬、鞀，鼓励民众上门反映情况。“当此之时，一馈而十起，一沐而三捉发，以劳天下之民。此而不能达善、效、忠者，则才不足也。”[②]“馈”是食的意思，是指进食米饭，“捉发”是用手拧干头发。这种方法效果怎么样？诏令发布之后，大禹吃一顿饭，居然有十次停顿下来，接见来访的百姓。他沐浴的时候，洗一次澡，有三次把头发擦干竖起来，把它结起来，去接见来访的民众。一方面，《五音听治》的故事反映了大禹广开言路、听取百姓民意的理政方针，另一方面，这也说明衙门挂榜鼓励的方法效果很好，衙门车水马龙，老百姓纷纷前来反映情况。同时，“五音听治”也反映了大禹虚心纳谏的民主作风。

不管什么民众，只要你提建议，利用“五音”来传达意见，他都接受。这样的一种治理方法，在我们后人看来可能过于简单。但是，在没有系统的司法体系的古代，这确实是治国理政的一条较为妥当的道路。在“五音听治”的治理模式中，我们可以看出大禹对治理本身的重视，以及在治理制度方面所做的努力。“五音听治”应当是当时社会治理趋向制度化、文明化的一个重要表现。大禹死后，“五音听治”的制度得以继续实行。后世虽然不再实行原原本本的“五音听治”制度，但在官府衙门大堂前仍然摆放或悬挂一面大鼓，有申冤告状的百姓就敲击大鼓，官老爷听到鼓声就会升堂问案，这实际上是大禹创制的“五音听治”制度的传承和遗存。同时，夏禹“悬钟鼓磬铎，置鞀”的措施也在4000多年的历史长河中逐渐被提炼形成了一个具有历史文化内涵的固定成语“悬鞀建铎”，用以形容统治者能够广泛听取臣民意见。因此，大禹开辟的“五音听治，以

① 王秀梅译注：《诗经》，北京：中华书局，2015年，第4页。

② 陈广忠译注：《淮南子》，北京：中华书局，2012年，第739页。

声为律”，不仅仅是广开言路、虚心纳谏给百姓一条可以传达意见的渠道，还是体察社情民意、改善国政的治国理念，同时也是借助社情民意规范监督自己行为的自律方法。

《大禹自责》的故事是第二种，深入民间采风。在尧舜禹时期，民间采风叫“巡狩”。从名称来看，一是巡察，观民风，知民意；二是狩猎，以打猎的名义开展军事演练，震慑诸侯。史籍记载，大禹大规模巡狩四方，五年一次，共计两次，一次是涂山大会，一次是会稽大会。每次巡狩，大禹都不辞辛劳，深入蛮荒之地。《吕氏春秋·慎行论》就记载有大禹巡狩四方的事迹：

> 禹东至榑木之地，日出九津青羌之野，攒树之所，撸天之山，鸟谷青丘之乡，黑齿之国；南至交阯，孙横续构之国，丹粟漆树沸水漂漂九阳之山，羽人裸民之处，不死之乡；西至三危之国，巫山之下，饮露吸气之民，积金之山，其肱、一臂、三面之乡；北至人正之国，夏海之穷，衡山之上，犬戎之国，夸父之野，禺疆之所，积水积石之山。[①]

在治水的过程中，大禹拿着准绳和规矩，丈量九州大地，测量锦绣河山，获得山海分布的地理状况，了解了每一座大山和每一条河流的丰富物产。再加上他巡狩四方，深入民间采风，全国各地的民俗风情几乎无所不知。于是，他和伯益一道，将了解获得的风俗民情记录汇总为《山海经》。《吴越春秋·越王无余外传》是这样记载大禹巡狩四方、撰写《山海经》的：

> 复返归岳，乘四载以行川。始于霍山，徊集五狱。诗云：“信彼南山，惟禹甸之。”遂巡行四渎，与益夔共谋，行到名山大泽，召其神而问之山川脉路，金玉所有，鸟兽昆虫之类，及八方之民俗。殊国异域，

① 钟利戡、王清贵辑编：《大禹史料汇集》，成都：巴蜀书社，1991年，第155页。

土地数量，使益疏而记之，故名之曰《山海经》。[①]

著名神话学家袁珂也认为传说中的夏禹和伯益“虽非《山海经》的直接作者，但书中的主要内容，仍有可能是由原始社会末期的酋长而兼巫师的禹、益口述而世代相传下来的”[②]。大禹体察民情是团队协作，这个团队包括伯益、夔、大章、竖亥等。采风道路也不止一条。大禹与伯益、夔龙为一道，大章为一道，竖亥为一道。“禹行使大章步东西，竖亥度南北，畅八极之广，旋天地之数。禹济江南，省水理。”[③]

正是在巡狩江南的过程中，大禹亲临违纪惩罚的现场，发现社会的无道现象，反省自责而为罪民哭。《吴越春秋·越王无余外传》就记载了在长江流域的苍梧之境发生的《大禹自责》的故事：

南到计于苍梧，而见缚人。禹掮其背而哭。益曰：“斯人犯法，自合如此，哭之何也?”禹曰：“天下有德，民不罹辜；天下无道，罪及善人。吾闻一男不耕有受其饥，一女不桑有受其寒。吾为帝统治水土，调民安居，使得其所。今乃罹法如斯，此吾得薄，不能化民证也。故哭之悲耳。”[④]

除了观民风之外，大禹还会深入民间，主动问政当地隐居之士。《庄子·天地》就记载了大禹询问子高隐居缘由的故事：

尧治天下，伯成子高立为诸侯。尧授舜，舜授禹，伯成子高辞为诸侯而耕。禹往见之，则耕在野。禹趋就下风，立而问焉。曰：“昔尧治天下，吾子立为诸侯。尧授舜，舜授予，而吾子辞为诸侯而耕，敢

① 钟利戡、王清贵辑编：《大禹史料汇集》，成都：巴蜀书社，1991年，第84页。
② 袁珂译注：《山海经全译》，北京：北京联合出版公司，2016年，第4页。
③ 钟利戡、王清贵辑编：《大禹史料汇集》，成都：巴蜀书社，1991年，第84页。
④ 钟利戡、王清贵辑编：《大禹史料汇集》，成都：巴蜀书社，1991年，第84—85页。

问，其故何也？”

子高曰：“昔尧治天下，不赏而民劝，不罚而民畏。今子赏罚而民且不仁，德自此衰，刑自此立，后世之乱知此始也。夫子阖行邪？无落吾事！”俋俋乎耕而不顾。[①]

自觉体察民情是治国之道，其目的“在知人，在安民”。知人则聪敏，要了解人的智慧，让有才能的人为官，或借助有才能的人的智慧理政；安民重在为人民谋利益，使人民得到实惠，这样才会受到人民的拥护。《尚书·皋陶谟》记载了大禹是怎样阐述他的治国之道的：“知人则哲，能官人；安民则惠，黎民怀之。”[②]在大禹登基之后，问题就出现了，大禹所建立的华夏联盟几乎就是一个崭新的社会形态，跟之前舜王的部落制度完全不同，所要管理的地域之广、人口之多、情况之杂远非之前能比。这时候，巩固政权比建立政权更加困难。如何开辟一种新的治理制度和行政规范让老百姓拥护自己成了大禹想得最多的事情，如何知人安民让老百姓信服自己就成为大禹治国理政面临的主要任务。可能正是在这种新的社会形态的需求下，大禹“以声为律”的五音听治模式就成为当时广开言路、听取民意、化解矛盾的最科学的方法。

应当说，夏禹这种重视并广泛听取民意的做法是中国古代政治的一个优良传统。如晚夏禹1000多年的周武王在讨伐商纣的誓师大会上，曾面对天下诸侯说：“天视自我民视，天听自我民听。”[③]但从周武王到近代之前有详细史料记载的3000年左右的古代文明中，能够真正做到“悬鞀建铎”的君主真是少之又少，而能够像夏禹一样为了听取民意而“一馈而十起，一沐而三捉发”更是几不可见。只要君主开明一些，能够意识到“五音听治”的意义和价值，一般还是能够使天下得到较好的治理的，如唐太宗李世民的贞观之治；而在闭塞言路、刚愎自用的君主当政时，则往往是

① 钟利戡、王清贵辑编：《大禹史料汇集》，成都：巴蜀书社，1991年，第140—141页。

② 王世舜、王翠叶译注：《尚书》，北京：中华书局，2012年，第35页。

③ 王世舜、王翠叶译注：《尚书》，北京：中华书局，2012年，第436页。

中国社会最黑暗的时候，如“防民之口甚于防川”的周厉王时期。

总之，向上反映民意，让老百姓参政议政；向下体察民情，深入基层化解矛盾：是“五音听治”的基本要义。从这个意义来看，大禹以声为律的“五音听治”是中国历史上最早的行政规范的德治模式，奠定了4000多年来中华民族以德治国的理念基础和优良传统。

自律精神：克勤克俭，严于律己

日本松下电器创始人松下幸之助曾经说过：“登峰造极的成就来源于自律。”大禹的一生治理洪水，划定九州，建立王朝，开辟四方疆土，造福万千百姓。“唯禹之功为大，披九山，通九泽，决九河，定九州，各以其职来贡，不失厥宜。”[①]大禹治水能够取得成功，创就丰功伟绩，离不开他克勤克俭、严于律己的自律精神。

在生活上，大禹不与物争，克制节俭。史料记载，大禹身高九尺二寸，长得虎鼻大嘴，两个耳朵都有大孔，头上戴着钩，胸前有块玉，所以命为天命，俊朗无比。然而，就是这样一个外形俊朗且天命所在的英雄人物，却根本不顾及个人形象地位，时常身披褴褛，裤子上密密麻麻打着补丁，吃着野菜稀粥。仪狄送来美酒被其呵斥，工人给他送来食物被他拒绝，甚至妻子女娇多看了别人秀美的服装也被大禹批评。他克制自己的喜好，居住于简陋的王廷宫室，叮嘱实行节用少财、不烦人众的薄葬之礼。《墨子・节葬》就说道：“衣衾三领，桐棺三寸，葛以缄之，绞之不合，通之不坎，土地之深，下毋及泉，上毋通臭。既葬，收余壤其上，垄若参耕之亩，则止矣。”尽管他自己舍不得吃好的，却舍得用精美的食物来飨宴神灵；自己平时舍不得穿好的，却在祭祀仪式上舍得穿华美的礼服；自己舍不得住好的，居室简陋，却把全部资财和心思放在治理水患上。他的克俭自律不仅是一种以礼仪之道为尺度的自律，更是一种“在苦难挫折中砺

① 文天译注：《史记》，北京：中华书局，2016页，第20页。

志拼搏”“在位高权重时严于律己”[①]的自觉。大禹一直保持着简朴自律的生活作风，以身作则为治水工匠们塑造榜样。

在大禹治水的民间传说中，勤俭节约的自律精神并不少见。浙江曹娥江了溪流域的民间传说《禹余粮》是这样讲述大禹以身作则、生活朴实、体谅他人的：

嵊县城北十里左右有座小山，名叫余粮山，又名了山。从前树木葱茏，山花烂漫，风景秀丽。怪得很，山里有不少像抛梁馒头那么大的石块，外壳圆滚滚，内有黄色细末如蒲黄，当地人喊它“石馒头”，也有人喊它“禹余粮”。连李时珍编写的《本草纲目》里也有明文记载：它味甘性寒，可治骨节酸痛、四肢不仁、痔瘘等病。这座山上为啥会产生这种药材呢？

相传，在古老的禅让时代，洪水泛滥，田园被淹，到处浊浪滔天，百姓苦不可言。舜王封夏禹为司空，委以治水的重任。夏禹接受了其父鲧治水失败的教训，根据地势高低，改用疏导宣泄的方法，果然大见成效。

有一次，夏禹到了剡地，因刚下暴雨不久，弯弯曲曲的剡溪浊浪排空，波涛汹涌，自西而东，流向县城，接着就往北直冲，但由于被嵊大山迎头挡住，无法奔泻，水位越涨越高。不仅剡溪两岸田庄受淹，不少人畜也葬身鱼腹。

夏禹乘船仔细察看之后，决定劈开嵊大山的一角，以便将洪水导入舜江（即今曹娥江）。当地百姓听了奔走相告，青壮年纷纷主动前去劈山挑土，夜以继日地干了起来。夏禹也以身作则，和大家一起忙这忙那。

有天晚上，夏禹夫人涂山女盛了满满一篮馒头，送去给夏禹当点心。她来到八里洋村边那座山上，猛听得“轰隆”一响，借着朦胧的

① 江群：《酷说大禹》，合肥：时代出版传媒股份有限公司、安徽文艺出版社，2013年，第156—157页。

月光，她望见对面的山岗里有一个黑影在晃动。又听“轰隆”一声巨响，山下倒下一角，涂山女见状大惊：“啊呀！妈唉！”差点跌倒在地——手中的篮子就骨碌碌滚到山下去了。

其实，这正是夏禹在开山排水。他听见妻子尖叫，知道受了惊吓，连忙跑来打招呼。但当他俩找到篮子时，里面只剩下四五只馒头了。涂山女还要再寻，可夏禹笑笑说：“算了吧！我已经饱了，还有那些馒头谁捡着就给谁，就算是我的余粮吧！”

不久，那个山岗就被打通了，将汪洋的积水引入舜江，直注杭州湾。从此，这里露出一片平展展的土地，人们可以种植庄稼，放牛羊了。

此后，了山上就有许多馒头形的石团子，当地人晓得这是夏禹的余粮变的，就叫它“禹余粮”，也有人叫“禹粮石”。山名也改作“余粮山”。涂山女掉下篮子的那条岭就叫“余粮岭”。史称“禹治水毕功于了溪”，就在此地。所以，这里的小溪，又称了溪；这里的村庄，也称了村，后改作“禹溪”。当地人还建造了宏大、庄严的“禹王庙”来纪念他。[①]

在工作中，大禹勤苦劳身，勤政为民。大禹为了治水，绞尽脑汁，不怕劳苦，从来不敢休息。他经常身执耒锸，以为民先，栉风沐雨，日夜奔忙，以超乎常人的自律完成自己的治水工作。许多诸子典籍都记载有大禹勤苦劳身、勤政为民的自律事迹。《荀子成相》称誉大禹道：“禹有功……北决九河，通十二渚疏三江。禹傅土，平天下，躬亲为民行劳苦。”[②]其中，《吕氏春秋》赞誉最盛，多处对大禹自觉克勤劳身、勤政为民的劳苦精神赞不绝口。如：

① 徐德明:《大禹与绍兴》,绍兴:绍兴市文物管理处编印,1995年,第41—43页。

② 王先谦撰,沈啸寰、王星贤点校:《荀子集解》(下册),北京:中华书局,2013年,第547—548页。

禹立，勤劳天下，日夜不懈，通大川，决壅塞，凿龙门，降通漻水以导河，疏三江五湖，注之东海，以利黔首。①

昔上古龙门未开，吕梁未发，河出孟门，大溢逆流，无有丘陵沃衍、平原高阜，尽皆灭之，名曰鸿水。禹于是疏河决江，为彭蠡之障，乾东土，所活者千八百国，此禹之功也。勤劳为民，无苦乎禹者矣。②

不有懈堕，忧其黔首，颜色黎黑，夺藏不通。步不相过，以求贤人，欲尽地利，至劳也。③

大禹勤苦劳身、勤政为民的自律精神是大家看得到和感受得到的。在民间传说当中，大禹的母亲和妻子就是大禹勤苦劳身、勤政为民的最好见证人。在黄河流域三门峡市，民间传说《米汤沟》就是以大禹妈妈和大禹娘娘的视角讲述大禹造桥劳累、娘娘送饭误会的故事：

大禹治水的时候，曾经三过家门而不入。大禹的妈妈知道以后，更加想念儿子，到处打听儿子的消息。这一天，她听说大禹在三门峡治水，就把大禹娘娘叫到跟前说："我听说大禹在三门峡治水，成天操劳。你也去吧，到那里好好照顾他。"

娘娘点头答应，第二天拜别了婆婆，就到三门峡去了。

大禹把三门峡的河道疏通以后，看到南北两岸的百姓来往很不方便，决定在这里造一座桥。他日日夜夜拱在水里打桥基，忙得连饭也顾不上吃。这时候，正好娘娘赶到三门峡。娘娘来了以后，看到大禹这样劳累，很心疼他，天天做点好饭给他送到河边上。

娘娘住在北岸山上，天天跑这么远的路给大禹送饭，大禹也心疼她。要是自己回家吃饭，又太耽误时间。大禹想来想去，想出了一个两全其美的好办法。他在半山腰里凿了一个挂鼓石，在石上挂了一面

① 陈奇猷释:《吕氏春秋新校释》(上册),上海:上海古籍出版社,2002年,第289页。
② 陈奇猷释:《吕氏春秋新校释》(下册),上海:上海古籍出版社,2002年,第1473页。
③ 钟利戡、王清贵辑编:《大禹史料汇集》,成都:巴蜀书社,1991年,第155页。

鼓。他对娘娘说："你来回跑这么些路太累了，以后你把饭送到这里就中。饭送来后，你敲几声鼓，我听到鼓响就上来吃饭。"

娘娘觉得这个办法不错，就按照这个办法行事。她把饭送到半山腰后，就敲起鼓来。不多一会，大禹果然上来吃饭了。

…………

娘娘掂的米汤虽说都洒了，她还是想到半山坡上看看大禹，叫他今天别干活了，跟她一起回去吃饭。娘娘刚走到半山坡上，大禹也正好赶到。娘娘见了大禹，关心地说："还不到饭时，你怎么就敲起鼓来了？你饿了吧？"

大禹见娘娘空着手下来，以为她把饭藏起来了，心想我造桥这么忙，你还给我开玩笑。他责备娘娘说："你要不敲鼓，我怎么会上来呢？这几天我干活正吃劲，你别跟我开玩笑！"

娘娘心想，我不怪你，你倒怪起我来了。她也没有好气地说："谁给你开玩笑啦？你要是不敲鼓，我怎么会失急忙慌地跑下来，把米汤也弄洒了。"

大禹着急地说："你快把饭拿出来吧，我忙着哩！"

娘娘生气地说："你整天忙，到底忙的啥？"

大禹说："我在造桥啊！"

娘娘更加生气地说："你是治水的，怎么还造桥？造桥这事不是你干的，你造不成。快跟我回去吃饭吧！"

娘娘说话是灵验的，她这"造不成"三个字一出，大禹的桥再也造不起来了，在三门峡谷中只留下了三个桥腿，后来人们就把这三个桥腿叫作"人门岛""神门岛""鬼门岛"。

官牛见自己推蛋蛋闯下了这么大的祸，害得大禹桥也没有造成，非常后悔。从此以后，这条沟里的官牛再也不推蛋蛋了。

红豆米汤洒在沟里以后，每逢下雨，山顶上流下来的清水，流到这一段，就变成了稠糊糊的红水，群众就把这条沟叫作“米汤沟”。[1]

任何人都有三情六欲，而克服三情六欲是相当困难的。没有坚定的意志和信念，三情六欲就会左右人的行为，这是一种本能的反应。普通人大多随性而为，没有克服三情六欲的自律；而大禹则没有这种自由，而是与之相反，克制自己的三情六欲，三过家门而不入。“从夫妻关系角度，从父子关系角度，从维系与妻子家族关系的角度，都应该在涂山留步，进门回家看看，在家住些日子。这是夫妻情感的需要，是父子情感的需要，是夫妻双方家族兴旺发达的需要。人之常情，世之常理，正是家庭伦理成长的土壤。”[2]另外还有，“父母在，不远游”。孝敬父母，照顾老人，常回家看看，这也是为人之子的义务。所以，大禹有一百个理由“该入”，但是他却“不入”，而且还是“三过家门而不入”。可见，大禹的自律克制能力有多强，自觉信念有多坚定。正是如此，“三过家门而不入”的故事在民间传说中才广为流传，而故事版本也五花八门，各有内涵。

首先是克服思母之情，反映遵守纪律与孝敬父母的矛盾，体现严于律己的治军理念。河南省登封市，《大禹治洪水过家门》的民间传说就是这样一个严以治军“该入”却“不入”的神话故事：

当治水大军快要走到大禹的家门口时，他的外甥庚辰提醒说：“舅舅，咱们这次出外治水，不知道啥时候才会回来哩，你不趁机拐回家看看我年老多病的外婆吗？”大禹不同意，责备说：“刚刚定了刑律，难道你忘了吗？路过我的家门，我拐回家看看，路过别人的家门，也都回家看看，岂不误了大事！”庚辰坚持说：“要不，人家会说你不孝啊。”大禹说：“一寸光阴一寸金，寸金难买寸光阴。珍惜时光，尽快

① 张振犁编著:《中原神话通鉴》(第四卷),开封:河南大学出版社,2017年,第1060—1062页。

② 江群:《酷说大禹》,合肥:时代出版传媒股份有限公司、安徽文艺出版社,2013年,第195页。

治服洪水，让你外婆和普天下的人都过上好日子，才真正是忠孝双全呐！”庚辰被说服了。

当治水大军走到大禹家门口时，又有人劝说：“走到家门口了，应当回去给母亲告别一声，免得老人家挂念。”大禹只是苦笑了一下，继续领着治水大军往前走。这时候，他清清楚楚地听到病中老娘的呻吟声，只是放慢了脚步，面对家门深施一礼，毅然离去。

大禹领着治水大军走过去了，他的母亲辛嬉女听说了，手扶拐杖出了家门。但是已经晚了，只能看见儿子的背影。老人伤心地哭了！但她哭的不是儿子今日不辞而别，而是想起了十多年前，在这里送走了丈夫，至今也没看到丈夫回家团聚。

正因为大禹身体力行，严以治军，从而保证了他领导的治水大业最终告成。①

其次是克服思妻之情，反映抗洪救灾与夫妻恩爱的矛盾，体现严于律己的治国理念。以田野调查为基础的神话小说《大禹传奇》也讲述了大禹本来计划回家“想入”而“过门不入”的故事：

确定了启程的日期之后，仍不见大章归来，文命（大禹）便派善于行走的辛丑赴安邑，将不久就要回家的喜讯提前告诉妻子，让她于漫漫长夜中见到黎明的曙光。辛丑像大章、竖亥一样是个飞毛腿，能够日行千里，赛过骥骜，因此，不出三日，女娇便心花怒放了。这喜讯似春风，吹散了女娇心中的阴云迷雾，融化了女娇心灵上的一层薄冰。

…………

文命归心似箭，一路昼夜兼程，不知行了多久，忽一日来到安邑城南。这安邑城南数里之外有一条大河，激流滚滚，茫茫荡荡，非乘

① 张振犁编著：《中原神话通鉴》（第四卷），开封：河南大学出版社，2017年，第1137—1138页。

船难以抵达城下。文命一行舍车登舟，高挂风帆，正欲顺风横渡，忽然大章匆匆赶到，送来了令人惊心动魄的消息——豫州连降暴雨，山塌地陷，泥沙喷涌，太室山与少室山一带，平地水深丈余，千百万人民的生命财产葬于水底，幸存者岌岌可危！文命闻讯，放声长叹，仰望彼岸，他仿佛看见女娇登上了高台，正向这边频频招手致意，她那红色锦绣披风像火一样在燃烧；她破例地浓妆艳抹，站在那里，像东方升起的朝阳；她的面庞明净而文雅，似中秋之夜高悬的一轮明月；她的秀发在飘拂，若七八月蓝天上的巧云；她的一双眼睛清澈而晶莹，则是一碧如水的夜空中闪烁的明星……扬帆划桨，瞬息夫妻便可相见，然而文命却急令返身登岸，火速赶往豫州灾区——抗洪如救火，人命关天啊！在文命的心灵上，黎民百姓这颗砝码，远远重于逝去的父母和亲爱的妻子，因此才经过家门而不入。[①]

最后是克服思家之情，反映国家责任与家庭责任的矛盾，体现严于律己的人生理念。这里的“家”，不仅指父母和妻子，更指向子女。所以，对于大禹来说，这个“家”的含义就是承担照顾父母和子女的责任。历史和传说都表明，由于大禹长期在外治水，聚少离多，所以只有一个孩子，这就是启。“既生启，辛壬癸甲，启呱呱泣，禹去而治水，三过其家，不入其门。”[②]不仅史籍在记述“三过家门而不入”的时候侧重将大禹与儿子启并列叙事，就是民间传说也不乏将大禹与儿子启并列叙事的。虽然这些历史记载和民间传说都没有批评责备大禹缺位教育儿子启的字眼，但是目的都在展示这种事实，以含蓄反衬大禹的舍家为国精神。河南登封市的民间传说《太室山和少室山》是这样讲述大禹“三过家门而不入”、缺位教育抚养儿子启的：

① 曹尧德:《大禹传奇》,北京:华文出版社,1995年,第283—284页。

② 李焕俭、吴国成主编:《涂山搜玉》,合肥:时代出版传媒股份有限公司、黄山书社,2016年,第9页。

大禹治水到了涂山，人们看大禹三十多岁还没有娶媳妇，就把一个最好的姑娘涂山娇嫁给了他。婚后，禹把涂山娇带回崇地，涂山娇的妹妹涂山姚不愿离开姐姐，也一起到了崇地安家。大禹把涂山娇安排在崇山脚下居住，把涂山姚安排在季山脚下居住。安排停当后就又治水去了。一次路过家门，同伴劝禹进家看看，禹却说："治水时间要紧，不能因顾自己耽误大事。"就这样大禹一连三过家门口，都没进门看上一眼。后来，要开凿龙门口必须先打开轘辕关，工程就在家门前，禹这才见到了涂山娇。由于涂山娇发现了丈夫的化身是黑熊，一气变成了石头。大禹从石头中唤出了儿子启，可是抱着孩子怎去开山呢？无奈只好找妹妹涂山姚了。当涂山姚知道姐姐的事情后，便从大禹怀中把启接了过来。涂山姚见大禹为民治水的一片心坚如铁石，十分爱慕，便继她姐姐嫁给了大禹。从此，她不仅代姐姐照料孩子，还代姐姐一天三顿为大禹准备饭菜。从此，大禹就把涂山娇住的崇山叫"太室"，把涂山姚住的季山叫"少室"，"太室山"和"少室山"也就从此得名了。①

大禹严于律己，以身作则。他正是以这种严于律己的作风，获得了众人的信任和称赞。大禹在生活、工作和治国上的克勤克俭，严于律己，影响着一代又一代人。

① 张振犁编著：《中原神话通鉴》（第四卷），开封：河南大学出版社，2017年，第1118页。

团结篇

涂山风景区

涂山，又名当涂山，被称为东山，古涂山国所在地，因大禹治水而得名。相传涂山、荆山原是一座山，因大禹治水把山一分为二，使淮河水由南向北流淌。涂山位于安徽省蚌埠市西郊，淮河东岸。涂山满山皆石榴，春来芽发，夏来石榴花似火。

涂山风景区文化积淀深厚。涂山是大禹治水之地，是中华文明发祥地之一。4000多年前，大禹借助与涂山氏女的联姻，劈山导淮、召会诸侯，娶妻生子，在涂山风景区留下了荆山峡、禹王宫、禹墟、上下洪等众多人文遗迹。主要人文景观有禹王庙、望夫石（启母石）、圣灵泉、白狐洞、玉液泉、聚仙石、安邦石、定国石、候人石等。“禹王庙会”和“大禹传说”被列为蚌埠市第一批非物质文化遗产。古往今来，文人墨客因涂山风景区极其丰富的人文景观、千年古树、满山石榴纷至沓来。

涂山“禹王宫”是中国闻名的历史文化遗产。禹王宫俗称禹王庙、涂山祠，是祭祀大禹和古之圣母、夏人之先妣“涂山氏女”之地，位于蚌埠西部市郊、怀远县城东南、淮河东岸的涂山之巅。禹王宫也是全国现存处于山峰顶部规模最大的道教宫观，它坐北向南，规模宏大，现占地3400多平方米。

禹王宫始建于汉初。相传，汉高祖刘邦统军镇压英布，凯旋之日路经涂山，游览了卧仙石、台桑、断梅谷、防风冢等大禹遗迹，为使后人永远怀念大禹治水之功，下令其子刘长在涂山之巅建造禹庙。唐代时，禹王宫就已有道士居住。据载，武则天天授三年（692年），有一位李慎羽道长，从长安引进石榴种植于当地。明代对禹王宫进行了两次大规模的扩建。清乾隆年间又进行了两次大的维修。后因历史沧桑，殿宇大都已倾圮。20世纪80年代以来，当地政府拨款维修禹王宫，先后修复了部分屋舍和围墙，恢复了部分匾联诗刻绘画，并将其列入安徽省重点宫观和重点文物保护单位[①]。

① 参见郭学东主编:《蚌埠掌故》,合肥:黄山书社,2008年,第30—34页。

三苗与东夷

三苗，历史文献又称有苗、苗民、南蛮，亦称三苗国。《山海经·海外南经》有介绍：“三苗国在赤水东，其为人相随。一曰三毛国。”[①]郭璞云：“昔尧以天下让舜，三苗之君非之，帝杀之，有苗之民，叛入南海，为三苗国。”[②]《山海经·大荒北经》追溯了苗民的分布区域、特征和渊源：“西北海外，黑水之北，有人有翼，名曰苗民。颛顼生驩头，驩头生苗民，苗民厘姓。”[③]三苗，现在公认为原始社会时期五帝时代的古国名称，其居所约在湖北、湖南、江西境内。

高诱注《淮南子·修务训》曰：“三苗，盖谓帝鸿氏之裔子浑敦，少昊（皞）氏之裔子穷奇，缙云氏之裔子饕餮。三族之苗裔，亦谓之三苗。”[④]这种解释源于《左传·文公十八年》所载的“四凶”，其解释为后人所接受，司马迁在《史记·五帝本纪》中对浑沌、穷奇、梼杌和饕餮这“四凶”做了历史的总结[⑤]。不过，少皞氏穷奇并非三苗部落，而是属于东夷部落集团。从历史记载来看，所谓三苗是蚩尤被炎黄部落战败后，以蚩尤后裔帝鸿氏浑沌、缙云氏驩兜为代表的九黎部落南迁江汉地区后融合形成的众多新的南方土著部落联盟的统称，最早的活动地在今天湖北、湖南

① 袁珂译注:《山海经全译》,北京:北京联合出版公司,2016年,第160页。

② 袁珂译注:《山海经全译》,北京:北京联合出版公司,2016年,第163页。

③ 袁珂译注:《山海经全译》,北京:北京联合出版公司,2016年,第275页。

④ 刘玉堂、李安清:《关于三苗若干问题的辨析——兼论新石器时代江汉地区居民的族属及其社会状况》,《江汉石油学院学报》(社会科学版),2001年,第2期,第52页。

⑤ 文天译注:《史记》,北京:中华书局,2016年,第17页。

与江西交界一带。

关于三苗的族源，学界一般有两种观点：一是居住在江汉平原的土著居民，一是来源于九黎部落。持土著居民观点的认为，三苗为缙云氏之子饕餮的后裔，是新石器时代的南方土著民族，即南方苗蛮集团或苗蛮族群。持三苗来源于九黎观点的认为，三苗是由九黎演变而来的，其依据主要为古文献《山海经》。早期的苗人在古代典籍中被称为“有苗”“三苗”“苗民”，记录有上古氏族谱系的《山海经》对三苗国有具体描述。数百年的族群纷争以三苗国的失败而告终，三苗族被迫多次迁徙，一直流落至边远蛮荒地区。

东夷，即东夷部落联盟，又称东夷族群，是指五帝神话时代生活在今山东省境内及河北南部、山西东南部、河南东北部、安徽和江苏北部黄河下游一带的众多族群或部落的统称。在东夷部落联盟中，神农氏炎帝部落是最先发展起来的实力强大的东夷部落，其次是黄帝之子玄嚣部落联盟。炎帝苗裔共工氏是部落联盟里一直都比较活跃的东夷部落，贯穿整个五帝时代。东夷青阳部落酋长帝挚入主华夏部落联盟之后，东夷部落联盟逐渐占据尧舜时代的历史舞台，陶父、重黎、皋陶、后羿、少皞、大彭、伯夷、倕、涂山、防风等部落都是东夷部落比较突出的联盟成员。

禹墟遗址和祭祀台①

禹会村遗址俗称禹墟，位于涂山南麓的淮河与天河之间，标志为一片长约80米、宽20多米的土岗，旧称禹村岗、禹会古台。岗上原有大庙一座，地方志记载为建于南宋年间的禹帝行祠，民国年间倒塌。从2006年至今，禹墟遗址前后经历了5次考古挖掘，获得了重大学术成果：发现了面积达2500多平方米的大型夯土祭祀台，大面积的工棚式建筑遗迹，器物坑、祭祀坑及制陶、磨制石器的手工作坊区，淮河流域年代最早的小麦。出土的大量器物涵盖了豫鲁龙山文化和浙江良渚文化的文化面貌。

禹墟遗址中的祭祀遗迹主要表现在祭祀台基、祭祀沟、不同类型的祭祀坑、大型简易式工棚建筑等。考古遗迹调查发现，禹墟遗址不是单纯的居住遗址，这里缺少长期生活的痕迹。这种现象恰恰说明，遗址本身反映了短期行为的结果，是短期的活动场所，生产活动仅仅维持短期生活所需。从祭祀台基面的施工和各种设施的完成来看，祭祀活动的进行和过程并不是人们自发组织的，更像是有明确目的的行为。这个祭祀台更有可能是祭拜天地、神灵或者庆祝治水成功所搭建的临时场所。

在考古遗迹中，考古工作者还发掘了大量的低温陶，占比比较大。龙山文化的陶器，从陶器制作的形制、烧制的火候还有制作的技巧等方面来看，都已经达到了鼎盛时期。但是，禹会村遗址的陶器与当代的陶器反差

① 本故事节选自辛礼学、王吉怀：《禹会村遗址概述及对相关问题的思考》，中国社会科学院古代文明研究中心、安徽省文化厅、蚌埠市人民政府编著：《禹会村遗址研究：禹会村遗址与淮河流域文明研讨会论文集》，北京：科学出版社，2014年，第11—29页。

极大。比如，陶器形状的大小都符合生活中的实用器，但很多都不适合在生活中使用。对低温陶进行测试，发现最低烧成的温度只有500度。这说明，这些低温陶是专门为祭祀而烧制的。依据遗址中出土陶器的器物特征可以断定，在此相聚的诸侯，有来自黄河中下游的中原地区、淮河流域的苏北地区、长江流域下游以及中游江汉平原地区的氏族部落。考古文物表明，他们带着自己地方的文化传统在禹墟这个地方制作了陶器。短期的聚会后，他们便各奔东西。

2006—2011年，中国社科院考古研究所研究员王吉怀对禹墟遗址前后进行了5次考古挖掘。从出土文物的特点和地理位置、历史文献记载、地方民间传说、自然科学的测试和论证等来看，禹会村遗址都与大禹治水的历史特征密切吻合。禹会村遗址考古证明，《淮南子》记载的大禹“会诸侯于涂山，执玉帛者万国”是有历史事实来源的。

目前，禹会村遗址已定性为大型祭祀性遗址，其鼎盛期为大禹时代，与大禹治水、会诸侯等活动密切相关，在国内唯此一例。禹会村遗址不仅可还原我国远古时期从聚落时代走向国家的历史面貌，使我国5000年文明史成为信史；还将可能与世界文化遗产殷墟、文明探源工程开始阶段发现的夏墟以及世界文化遗产良渚文化遗址一起，成为我国的文明坐标。这意味着，禹会村遗址（禹墟）将成为提升遗址所在地——蚌埠城市知名度和美誉度的最灿烂的国家级文化品牌。

征伐三苗①

在我国远古史中，继炎帝、黄帝时代之后，便进入尧、舜的原始社会末期。这一时期的社会生产得到了更进一步的发展，部落联盟日益扩大。各个地区的氏族、部落联盟之间的兼并战争也日益加剧。以尧、舜、禹为首领的华夏部落联盟，是由涿鹿之战后的炎黄、东夷两大族团融合而成，与活动在长江中游以南的三苗部落的北境相毗邻。这时，华夏部落联盟要向南扩展，必然遭到三苗部落联盟的抵挡，而三苗部落联盟要跨越长江向北扩展，也必然受到华夏部落联盟的打击。就这样，在尧、舜时代，两大部落联盟之间进行了100多年的拉锯式争夺战。

三苗，在古书中又称为苗、有苗、蛮、南蛮，相传是颛顼的后代。也有学者说他们是帝鸿氏的后裔。三，就是众多的意思，可见其内部支系繁多。三苗，是长江中游以南地区若干南蛮氏族或部落组合成的一个庞大的部落联盟。他们主要从事农业生产、渔业和狩猎。他们种植水稻的历史甚至可以追溯到距今8000年以前。其文化是后来楚文化的直接源头。

三苗部落联盟的活动区域很广。战国时期著名军事家吴起在《战国策·魏策一》中说："昔者三苗之居，左彭蠡之波，右有洞庭之水，文山在其北，而衡山在其南。恃此险也，为政不善……"三苗自恃所居之地地理形势险要，经常攻掠其他氏族或部落。

在尧时代，三苗的一部分越过天险长江抵达今河南南部和湖北西北部一带，战争便不可避免地发生。《史记·五帝本纪》说尧时"三苗在江、

① 本故事节选自王清贵编著:《华夏人杰:大禹陵》,北京:中国大百科全书出版社,1998年,第29—36页。

淮、荆州数为乱”。那时，三苗中最有势力的兜[①]被尧所败，流放到崇山（今河南登封嵩山一带）。《吕氏春秋·召类》说：“尧战于丹水之浦，以服南蛮。”尧和三苗在丹水（即丹江，发源于陕西与四川交界处秦岭东南部今陕西高县的终南山，向东南流经河南，于湖北均县注入汉江）大战，三苗被尧打败而归顺了华夏部落联盟。

舜时代，舜没有越过长江与三苗直接作战，而是采取分化瓦解的方法，即将归附的三苗人迁到三危（今甘肃敦煌等地）。至大禹时代，这支三苗人已经在那里安居乐业了。为防止三苗再反叛而北越长江威胁中原，舜又通过扩大相互交往，甚至对被征服的三苗从传统文化和风俗习惯等方面予以变易，以达到与华夏一体的目的。据史料分析，当时的三苗由于农业生产的发展，已产生了贫富的分化，阶级也已萌芽。

在大禹治理洪水时，三苗部落联盟的许多氏族、部落也参加了这个浩大的工程，并创立了赫赫功勋。但是，也有一部分三苗氏族、部落，由于自身拥有相当强的武力，并不愿意归附于华夏部落联盟。所以，禹治水成功以后曾对舜说：“只有三苗顽抗，不肯接受命令，执行法令，你要为这件事认真考虑啊！”[②]

正当禹准备率兵讨伐的时候，舜劝阻说：“我们自己德薄，他们便不愿归附，反而要用武力去征伐他们，这是不正确的做法，也是有违道德的行为。”于是就用了3年的时间，以文教的方式来对三苗施加影响，予以感化。同时，又不放松军事行动的演练。三苗见舜、禹做好了文武两手准备，只好表示归顺，这才避免了一场残酷的战争。（《韩非子·五蠹篇》）

没过多久，三苗反叛并直接威胁着华夏部落联盟，舜便令禹前往讨伐。禹于是会合各氏族、部落酋长，亲自统领大军，前往讨伐。在出发前，禹告诫说：“各位军士，都要听从我的命令。现在，蠢动的苗民，昏迷不敬，侮慢法令，妄自尊大，违反正道，败坏礼仪道德，贤人在野，小人在位。他们不保护人民，上天便要降罪于他们。所以，我要率领你们各位军士，

①《尚书·尧典》说：“流驩兜于崇山”。这里的“兜”应该为“驩兜”。

② 王世舜、王翠叶译注：《尚书》，北京：中华书局，2012年，第48页。

奉行帝舜的命令，讨伐苗民之罪。只要我们同心协力，战斗就一定能够成功。”[①]战斗开始以后，接连和三苗打了好几仗，虽然也取得了一些胜利，却被那里复杂险峻的地势和汹涌急湍的河流及湖泊所阻，便不敢贸然进攻。双方僵持了30多天，禹仍然不敢前进而完成征服苗民的任务。这时，益给禹献计说：“施德可以感天动地，没有人不归顺的。骄傲和自以为是必定有所损失，谦虚而小心谨慎肯定会得到益处，这是自然和事物的规律。帝舜以前到历山去耕种时，天天向上天号泣；对于不义的父亲和不慈的继母，他毫无怨言，宁可自己背上不孝的罪名。他恭敬地敬奉父亲和母亲，真心诚意连神明也都受到感动，何况这些苗民呢？”禹听了益的计策，立即回师。一面大修文德，一面勤习武备。还选了健壮的青年，在“都城”大殿的两阶中间，操练干戚（羽）之舞。干，是一种打仗时用以掩护身体的盾；戚，是一种斧形兵器，上面插着五彩羽毛作为装饰。舞的人一手持干，一手执戚，练习种种攻击、防御的功夫。军士们纵为列，横成队，步法整齐，阵式严密，士气威武。以这种方式训练冲锋陷阵的技术，本是上古狩猎遗风，流传下来，便成为一种武舞。三苗见禹虽退兵，但禹兵强气盛，再不归顺朝贡，必有灭亡之灾。大约过了70天，三苗便主动归顺了[②]。

战争是文明的催化剂，是历史发展的必然。战争扩大了人们的生存空间，战争促进了各氏族、部落间文化的交流和融合，并由此产生了更具生命力的民族和更具凝聚力的“国家”。

后来，舜让位于禹做华夏部落联盟首领时，三苗再度挑起兼并之战。这时，禹的声望由于治水这一伟大功绩早已远播；更由于在治水以后，夏族的势力不断发展壮大，使得夏族在华夏部落联盟中占据举足轻重的地位，甚至是核心的地位。禹在华夏部落联盟中所拥有的权力，已具有了王权的特征。早在皋陶协助禹治水时，这位掌管刑罚的酋长就曾规定：“各氏族、部落如果有违背禹的号令和调遣的，就要用刑罚予以惩处。”[③]这一

① 王世舜、王翠叶译注:《尚书》,北京:中华书局,2012年,第364页。

② 参见王世舜、王翠叶译注:《尚书》,北京:中华书局,2012年,第364页。

③ 王世舜、王翠叶译注:《尚书》,北京:中华书局,2012年,第48页。

方面固然保证了治水步调的一致，另一方面也在很大程度上树立了禹的权威。经过相当长一段时间的休养生息，华夏部落联盟已经蓄积了足够的力量来征服和统一三苗。这时，为了进一步扩充地盘，统一长江中下游地区，禹便决定对三苗进行一次大规模的战争。

据说，禹在那次战争出兵之前，还在“玄宫”（祖庙）里举行了隆重的祭祀上天和祖先的宗教仪式，祈求上天和祖先给予力量，保佑征服三苗战争的彻底胜利。祭祀之后，又举行了誓师大会。

誓师以后，禹率领了一支数千人的主力部队南下，沿途又联合了当地一些氏族、部落的力量，直抵三苗聚居的中心地区——江汉流域。三苗见禹率军前来征讨，慌忙率众奋起抵抗。但禹所率领的军队训练有素，士气高昂，强悍的冲锋使三苗节节败退，溃不成军，毫无抵抗之力。战斗开始不久，其首领就被协助禹征伐的东夷部落弓箭手射死。首领阵亡，苗军大乱，纷纷向四处逃散奔命。三苗故土难守，大部分向南退却，少数逃往北方或东方，亦有一部分逃往西南地区。这些苗民逃到其他地区后，逐渐被当地土著氏族、部落融合。只有向南迁徙的苗民，由于人数众多，又聚族而居，才使本氏族、部落的传统文化得到保留和发展。相传，今天聚居在湖南、广西、广东及云南、四川、贵州等地的苗族，就是三苗的后裔。

《国语·周语上》在追溯禹伐三苗战争时说：诛“黎、苗之王”，“人夷其宗庙，而火焚其彝器，子孙为隶，下夷于民”[①]。可见这次战争不仅焚毁了三苗的宗庙，更有许多的俘虏和苗民被分配给了夏族和参加征伐的各氏族、部落酋长做了奴隶。

禹征服了三苗，统一了长江中游以南的广大地区。为了保持这一地区的社会安定，禹制定了制度，颁布了法令。华夏部落联盟拥有了更广袤的疆域。“四方归之，辟土以王。”禹对三苗的统一，为今江浙地区一带的统一奠定了基础。

① 史延庭编著:《国语》,长春:吉林人民出版社,1996年,第50页。

大禹会诸侯[①]

夏王朝立国之初，在黄河上下、大江南北，依然存在着尚未归顺夏王朝的一些氏族、部落。于是，夏王朝与这些部落便展开了激烈的兼并与反兼并的战争。如《庄子·人间世》说："禹攻有扈。"《吕氏春秋·召类》说："禹攻曹、魏、屈骜、有扈，以行其教。"《大戴礼记·五帝德》则说：（禹）"举皋陶与益以赞其身，举干戈以征不享不庭无道之民。四海之内，舟车所至，莫不宾服。"兼并与融合是历史发展的必然。

除了使用战争手段解决一些非常矛盾之外，还对原来华夏部落联盟中的酋长采取安抚即封赏的策略。如封尧的儿子丹朱于唐（今山西翼城西），封舜的儿子商均于虞（今河南虞城西北），使其"皆有疆土，以奉先祀"（《史记·五帝本纪》）。即都赏赐一定的土地和管理范围，使他们能够安定下来，并成为当地的行政长官。此外，又封皋陶的后人于英（今河南固始县东北）、六（今安徽六安境内）。对于与夏同姓的氏族、部落和与夏氏有姻亲的酋长，也给予一定的封赏。如有扈氏、有男氏、斟寻氏、彤城氏、褒氏、费氏、杞氏、缯氏、辛氏、冥氏、戡戈氏等。这样，既可以保证国家权力有坚实的基础，也使地方得到更有效的管理。

在安抚了中原一带的一些氏族、部落之后，为了统一江南地区的一些氏族、部落和巩固对东夷的统治，禹又开始了对江南一带的巡视。这次巡

① 本故事节选自王清贵编著：《华夏人杰：大禹陵》，北京：中国大百科全书出版社，1998年，第42—50页。

视，最为著名的就是在涂山[①]大会诸侯。据说，到了聚会的时候，东南地区大大小小的氏族、部落酋长都带着朝贡的礼物，或进玉，或献帛，以表示对禹的拥护和对夏王朝的臣服、归顺。在这次诸侯大会上，演奏了《韶》和《大夏》等乐，表演了干羽之舞。这些乐舞，不仅展示了灿烂的中原文化，歌颂了大禹治水和治国平天下的功绩，更显示了夏王朝的国威。各方诸侯无不佩服赞叹，更为夏王朝的文化所感染，都纷纷归附，称臣纳贡。

禹涂山大会诸侯，不仅是向天下四方宣告夏王朝的建立，也是禹对自己"王权"的一次检验，更是禹为了国家的统一所进行的政治军事行动。

禹在涂山大会诸侯之后，又率领一支护卫军从中原的都城出发，先是来到九夷之地。禹每到一地，都入乡随俗，穿当地人的衣裳和鞋子，向耆老和贤人请教当地风俗，鼓励他们勤于农耕，并告之以历法、农时，以利其春播秋收。还向他们宣教夏王朝的礼义、法令，劝阻他们不要互相攻杀，要和睦相处。

禹巡狩东夷后，又来到了越地的茅山（今浙江省绍兴市区东南6千米处），这时距涂山大会已有4年时间。

茅山，又称苗山、南山或涂山等，是古越人的一个重要活动之地，也是大禹之妻女娇的故乡。禹来到这里以后，便在这里住了下来，并令各地的众多诸侯、方伯于第二年的春天来苗山相会，以考核各诸侯、方伯的政绩，并给予封赏或处罚。

到了相会的时候，禹先在茅山的行宫接受前来相会的各诸侯的朝见，然后又举行了庄严、隆重的祭祀活动。主要是告祭天、地和祖先，祈祷国家安泰，人民康健，农业丰收，渔猎兴旺。祭祀以后，宣布了自上次涂山大会之后，各诸侯、方伯的政教业绩和对夏王朝进贡纳赋的贡献，并按其功劳大小给以相应的封赏。对有功劳的人封给土地，赐给奴隶；对有德行

① 这里的涂山位于安徽省蚌埠市禹会区淮河边涂山氏国都城所在地，也是大禹妻子涂山娇的家乡。这次涂山大会是大禹第一次会诸侯。禹墟遗址就是第一次会诸侯的历史遗迹。

的，授予官职；对无功无德和为恶作歹的，给予惩罚。所以，史书上说，邪恶没有因为轻微而不受到处罚的，而功劳即使再小也受到了应有的奖赏。

为了纪念茅山计功封赏之会，禹就改茅山叫会稽山。会稽，就是会计，即会合考核功绩的意思。从此，茅山便以会稽山享誉天下。后人为缅怀这次会稽，将会诸侯的地方称为“禹会乡”，将附近的一条小河命名为诸侯江，江上的桥命名为禹会桥，又在那里建庙祭祀大禹，庙的大殿就叫禹会殿。

联盟和亲：安营扎寨，团结友助

大禹与涂山氏女娇的结合，事见先秦典籍甚众。《史记·夏本纪》载："禹曰：'予娶涂山，[辛壬]癸甲，生启予不子，以故能成水土功。'……夏后帝启，禹之子，其母涂山氏之女也。"《吴越春秋·越王无余外传》也说：禹"三十未娶，行到涂山，恐时之暮，失其度制。乃辞云：吾娶也，必有应矣。乃有白狐九尾造于禹。禹曰：'白者，吾之服也。其九尾者，王之证也。'涂山之歌曰：'绥绥白狐，九尾痝痝。我家嘉夷，来宾为王。成家成室，我造彼昌，天人之际，于兹则行'。明矣哉！禹因娶涂山，谓之女娇。取辛壬癸甲。禹行十月，女娇生子启。启生不见父，昼夕呱呱啼泣"①。大禹娶涂山女是中国古代著名的神话，涂山因大禹而闻名天下，大禹联合涂山氏国方成就了王图霸业。一方面，这种联姻是稳固自身统治的需要；另一方面，这种联姻也促进了华夏与东夷两大氏族集团的联盟团结和民族融合。政治联姻对国家政权和政治格局的影响都非常深远。

关于禹娶涂山氏的民间传说，以淮河流域的蚌埠涂山和黄河流域的登封崇山比较突出。在淮河流域的蚌埠涂山，九尾白狐是涂山氏女的神话形象。这里的禹娶涂山氏传说有的直接描述大禹与涂山氏女之间偶遇、相互倾慕的浪漫爱情故事；有的在纯美爱情基础之上描述涂山氏女娇对大禹治水的帮助。《白狐洞传奇》的民间传说就是第一种：

涂山东北坡的密林之中，有一阴深的山河，洞中常有狐狸出没，

① 钟利戡、王清贵辑编：《大禹史料汇集》，成都：巴蜀书社，1991年，第84页。

这就是传说中的白狐洞。

相传，某日大禹在涂山巡视完劈山治水工程，红日西坠，天已经黑了下来。一向胆大的大禹独自一人摸摸索索走在山道上，心里突然觉得有些孤独起来。想想自己已过而立之年，还没有娶妻生子，倘若年老了还没治好洪水，也总得有个后人继承自己的事业呀。想着想着，仿佛听到身后的山道上隐隐约约有人在喊：“大禹，大禹，你等等我！”大禹回头看看什么人都没有，就继续往前赶路。走着走着，身后又响起“大禹大禹”的声音。大禹心想可能是自己劳累过度产生幻觉，就没在意。可是没走多远，“大禹大禹”的喊声变成了“哧啦哧啦”的脚步声。大禹这时警觉起来，回头一望，好像有个动物在跟踪自己。大禹怕是豺狼，顺手抄起路旁一根棍子，当作防身之物。没想到那东西到了近前却是一只美丽的小狐狸。小狐狸拖着九条白色的尾巴，走起路来一摇三晃，十分逗人喜爱。这东西仿佛与大禹有缘似的，跑到大禹身边，用头拱拱大禹的腿索性不走了。“呦，是只走迷了路的小狐狸！”大禹紧悬着的心放了下来。他弯腰把小狐狸揽在怀里，用手抚摸着那漂亮的九条小尾巴，关爱地说：“漂亮的小狐狸，你找谁呢？难道你找我吗？”没想到那小狐狸听了，抬起头看了看大禹，又朝大禹点了点头。大禹这下子可高兴啦，他说：“小狐狸你看看我，整天东奔西走忙治水，实在顾不了你这个小东西，你就把前面那个山洞当成家，赶快回去吧。”

没想到大禹的话刚落音，那九尾小狐狸便从大禹怀中嗖地向上一跃，轻飘飘地落到路边的草丛中去啦。大禹看着这只小狐狸走了，又有些舍不得，便自言自语地说：“这家伙真聪明，它要是一位姑娘，我一定娶她为妻。让她给我生个聪明能干的儿子……”没想到大禹话还没说完，忽然，山风送来淡淡的桂花香味。八月里来桂花开，这春天哪来的桂花香呢？大禹就感到桂香过后，自己身板骨“咔吧咔吧”地响。像吞了太上老君的仙丹一样，浑身有使不完的劲。

人常说无巧不成书。这九尾狐狸并不是什么野兽，她是“昊天”

派到人间辅佐大禹治水，降伏山精水怪的神女。涂山白狐洞就是神女的“洞府”。第二天，大禹在涂山南坡一处叫台桑的地方，遇到一位精明美丽名叫女娇的姑娘。大禹与女娇一见钟情，难舍难分。择日不如撞日。当天晚上，天作人合，两人就在涂山仙人石上，结为夫妇。①

大禹在治水过程中与涂山氏女娇相识相恋，其基本原因是涂山氏国属地在大禹治水的范围之内。涂山氏国本身也是洪水受灾区，而且还是淮河流域治水比较艰巨的受灾区，花费的物力人力格外不同。由于治水工程非常严峻，受古代生产力水平的发展和制约，单单靠某一部族的力量是难以完成治水的，这就必须联合更多部族共同来完成。在一定程度上，大禹与涂山氏女娇的结合是以婚姻为纽带进一步加强与南方淮夷部落的友好关系以便共同完成治水任务的一种联盟和亲行为。民间传说《望夫石》就是反映联盟与部族和亲的神话故事：

却说禹忙于治水，年三十而未娶。一日，禹探水脉行至涂山，有九尾白狐造访，又听见涂山部落悠扬的歌声：

谁见了九条尾巴的白狐狸，他就可以做国王；

谁娶了涂山氏的女儿，他的家就会发达兴旺；

谁遵循天地的自然规律，他的事业就会顺利成功。

禹闻之，顿生成家之意。禹正欲进门问询，一只猎犬汪汪大叫向他冲来。涂山氏的女儿女娇闻声，知有客人，立即出来吆狗。当女娇得知来人是心中崇拜的偶像禹时，不觉脸上泛起了红晕，一边招呼禹进屋去坐，一边跑去告诉母亲。涂山氏听说鲧之子禹要造访，并要涂山氏搬迁时，旧愁新恨，一起涌上心头，命其手下速将禹拿下。又令搬来一堆柴火，要将禹烧死，以解心头之恨。

却说涂山氏为何想烧死禹？原来鲧治水时，广征天下民工，涂山

① 李焕俭编著：《魅力涂山》，合肥：时代出版传媒股份有限公司、黄山书社，2015年，第248—249页。

部落的男丁全部被征调去治水，且无一生还，致使涂山部落所剩全是女人、寡妇，成了名副其实的“女儿国”。加之涂山部落在这里居住了多年，要搬迁又谈何容易！

说时迟，那时快，一堆熊熊的烈火已经点燃，这不仅是柴火燃烧的烈火，更是涂山部落仇恨的烈火。女娇见状，“扑通”一声跪在母亲的面前，为禹求情：“母亲，你应以天下百姓为念，不要以一时之气，害死治水英雄而成千古罪人啊！再说，留下禹，或可免我涂山部落断种灭族之灾。”此时的涂山氏哪里还能听得进规劝，愤怒地说：“除非天降暴雨将这大火浇灭！”接着大喝一声：“武士们，给我将禹抛上火堆！”女娇见求母亲已无望，转而向天祷告：“天神啊，快降大雨吧，浇灭这仇恨的火焰吧！”

说来也怪，刚才还是晴空万里，突然一声惊天动地的霹雳，接着就下起了倾盆大雨，瞬间将那熊熊大火浇灭了。女娇奔上前去，将禹扶起，紧紧地拥在怀中。涂山氏此时如大梦初醒，自语道：“难道这禹真有天神相助？”看看女娇，看看大禹，沉思良久，转而对禹说：“既是天意，也就罢了。不过，要我涂山部落搬迁，你得做我涂山部落的女婿。”顿时，涂山部落充满了欢乐，立即为二人的婚礼忙乎开了。

禹离去十个月，女娇生下一子取名启，启不见父亲，昼夜啼哭。女娇日夜思念禹，天天登高望夫归，而禹怕误了治水大业，三过家门而不入。待禹功成归家，女娇已变成一尊“望夫石”，至今还屹立在涂山之巅。①

大禹与涂山氏女娇的结合，不仅对治水起到重要作用，更让禹的领导地位得到南方各部落的认同，促进了华夏与东夷两大民族集团的联盟和融合，也为夏王朝的建立奠定了坚实基础。如太史公所言：“夏之兴也以涂山！”（《史记·外戚世家》）

① 谢兴鹏：《九州方圆话大禹》，北川：四川省大禹研究会、中共北川县委党史研究室、北川县地方志办公室，2002年，第6—7页。

联盟和亲是站在国家的角度思考禹娶涂山氏这个故事的价值和作用。但是在民间，老百姓更关心柴米油盐茶，关心一家的天伦之乐，关心夫妻之间的恩爱思念，因此，思念望夫的故事就成了禹娶涂山氏的传说变体。蚌埠涂山流传的《候人石》的传说就是反映大禹与涂山氏之间的思念与爱情的。涂山之阳古朝禹路旁，有一块刻着“候人兮猗”大字的巨石。这块石头，有人说它是爱情的象征，有人说它是南音诞生之处。2000多年前，秦相吕不韦主编的鸿篇巨制《吕氏春秋》，说得尤为清楚。

《吕氏春秋·音初》载：“禹行功，见涂山之女。禹未之遇，而巡省南土。涂山氏之女，乃令其妾待禹于涂山之阳。女乃作歌，歌曰‘候人兮猗’，实始作为南音。周公及召公取风焉，以为《周南》《召南》。”

当年，大禹一心想着治理洪水，个人婚姻大事全丢在脑后。他带人到蚌埠西郊涂山劈山导淮，已年届三十。人常说三十而立，他这个年龄，还单身一人，不少人都为他着急。大伙劝说道：“大禹呀，你该娶个媳妇安家了！”可是，这情感的事不能强求啊。这些年，倾慕大禹的姑娘真不少，就是没有哪个让他心动的。一天，一位不施粉黛、亭亭玉立的少女，撞进大禹的心头。她就是涂山氏国的酋长女娇（又名涂山氏女）。虽说在涂山南坡只见一面，她那桃花一样粉红色的笑脸，两汪水灵灵会说话的大眼睛，一下子让大禹心动了。大禹两眼痴痴地望着女娇，脚步不由自主地停下来。女娇这时也看见了大禹。大禹为民治水甘于奉献，早如雷贯耳。今日相见，真是上天美意，千载难逢。女娇脉脉含情地送去真诚的秋波。男有情女有爱。大禹女娇，心有灵犀，难舍难分。

“快走啊大禹，挖河工地急等着你呢！”

相见时难别亦难。因治水事急，两人不得不各奔东西。女娇思念大禹，心心念念坠入爱河。一日，女娇遥望治水工地，情不自禁地吟唱出“候人兮猗”之歌。这支歌呀，她不仅自己唱得动情，还让侍女站在涂山阳坡的巨石上，反复地吟唱：“等候的人啊，多么的长久……”盼望大禹早早归来，向他敞开爱情之窗。侍女当年站立的那块石头，被后人尊称为“候人兮猗石”。

“候人兮猗”是我国最古老的民歌，祖先们称它为“南音之始”。到了周朝，周公和召公到涂山一带采风，把收集的南音（民歌）编入《周南》和《召南》。我国古代第一部诗歌作品集《诗经》里面十五国风的前二章，就是《周南》和《召南》。涂山古属吴头楚尾，楚国势力达到淮河流域后，以屈原为代表的文人骚客，学习与借助南音“兮”字作助词的歌舞韵律，写下了脍炙人口的千古绝唱，这就是中国文学史上光辉灿烂的楚辞。南音道其源，“楚辞”盛其流。从“南音”到《周南》《召南》，从“二南”到楚辞，再从楚辞到后来的汉赋和明清小说，可谓是承前启后，一脉相承。

“候人兮猗石”，见证了大禹与女娇纯洁浪漫的爱情，见证了南方第一支民歌的诞生，成为涂山一大景观。[①]

在民间故事中，涂山氏帮助大禹治水的传说大多数是站在老百姓的视角讲述的，因此，故事情节也大多是家长里短，如涂山氏女娇给大禹送饭、秉烛夜照等，这些民间故事就是反映大禹与涂山氏女娇之间团结友助的最佳载体。流传在河南登封市的《照爷石》就是这样的传说：

嵩山浮丘峰下有个大石头，石头上面有人踩的脚印和许多斑斑黑点儿，当地人叫它照爷石。为什么叫照爷石？因为它像万岁峰下的启母石一样，流传着一个大禹治水的神话故事。

大禹奉命到外地治水，颍河蛟龙受黄河老龙的调唆，乘机在嵩山南面发起洪水，妄想淹没大禹的家乡。大禹为了解除后顾之忧，回乡根治水害。因为情况紧急，路过自己家大门口时没有回家。他的妻子涂山娇知道后很不高兴，在婆婆面前埋怨说：“娘啊，你的儿子连你都

① 李焕俭编著：《魅力涂山》，合肥：时代出版传媒股份有限公司、黄山书社，2015年，第15—17页。

没有放在心上，从咱大门外过去，都不回家看看！”大禹的母亲辛嬉女理解媳妇的心情，劝导说：“事情有大有小，理也有曲有直。治水是关系到千家万户的大事，至于回不回家看我，只是区区小事。如果因小失大，理由再多也没用。你要是想他，蛟河离咱这也不远，你去跟他见见面也是一样。”

涂山娇来到蛟河岸上，看到滔滔洪水风吹浪起，响声如雷，情况十分险恶，又看到大禹正忙着同其他人一道，走走停停，指指画画，说说笑笑，在研究治水办法，心里窝的一肚子气也就云消雾散了。大禹发现涂山娇在河岸上站着，便来到妻子跟前，说：“你来得真好，我正愁着人手不够呢！”说着从怀中抽出一束蜡烛交给涂山娇，嘱咐说：“夜间，天黑不能施工，你白天在家侍候咱娘，晚上，你去东岭上点燃一支蜡烛，给我照个明，早日治服洪水，功劳也有你的一份。”涂山娇接过蜡烛，嘴上没说啥，可心里心想道：你可真行，夫妻们难得一见，见了连一句知情话也不说，可又分派叫我帮你的忙！但又想起了婆婆的教导，二话没说转身回家走了。从此以后，涂山娇白天在家孝敬婆婆，夜晚去到东岭站在一个大石头上面，高举点燃的蜡烛，蛟河上下两岸被照得如同白昼。

大禹有了妻子的秉烛夜照，彻夜施工，火烧蛟河成焦河，很快治服了嵩山南面的洪水。这时候大禹仍然惦记着普天下还有许多地方的人们在受到洪水的危害，于是又毅然率领治水大军到外地治水去了。

涂山娇本来想着丈夫治服家乡的洪水后，在到外地治水前，一定会回家看看。谁知道这等那等不见大禹的面，她心里着急，就跑到东岭站到大石头上面往东面瞧望。一看大禹又不吭声走了，她又气又恼，跺着脚大放悲声哭起来，哭得泪如雨下，泪珠洒在石头上成了斑斑黑点儿，而且由于她顿足时使劲过大，石头上还留下了许许多多的凹陷脚印。

大禹公而忘私一心治水，引起了他们夫妻之间不和睦。但是，大禹治水、涂山娇秉烛夜照却成了千古佳话。[1]

大禹来到涂山脚下，安营扎寨，治理洪水，为民谋福。在治水过程中，大禹与涂山氏女娇相亲相爱，产生情愫，最终结婚成家。站在国家的高度，大禹娶涂山氏女娇是壮大治水力量的政治联姻，是维持部族团结的联盟和亲；站在老百姓的角度，大禹娶涂山氏女娇是男欢女爱的倾慕思念，是团结友助的关心牵挂。无论是国家角度还是民间视角，禹娶涂山氏都是反映民族团结大主题的爱情神话。

① 张振犁编著:《中原神话通鉴》(第四卷),开封:河南大学出版社,2017年,第1139—1140页。

禹定九州：赋税朝贡，禹铸九鼎

大禹治水需要团结一切可以团结的力量。团结力量有两种办法：一种是威慑，通过战争消除抵抗的主要敌人，团结服从的次要敌手；一种是和亲，通过部族联姻或化敌为友，或巩固朋友。禹征三苗是第一种，禹娶涂山氏是第二种。正是由于大禹治水能够锻炼组织能力，能够团结朋友，树立权威，聚集财力物力，所以，很快大禹就借助治水成功大会诸侯，取得了华夏与九夷部落联盟的盟主地位，实现了统一天下的理想。

统一天下的理想不能停留在脑海里，必须付诸行动，表现出来就是建国方案和治国蓝图，这在历史上就叫作“禹定九州”或“禹划（画）九州”。具体来说，“禹定九州”就是确定国土疆界，规定赋税制度、朝贡制度和五服制度。

一是要明确国家的疆土与边界。国家有多大，包含哪些地域，边界到哪里，每一个国家的统治者都必须弄清楚自己的家底。国土疆界是怎么确定的呢？大禹治水时就开始测量土地面积，开辟水陆道路：“陆行乘车，水行乘船，泥行乘橇，山行乘檋。左准绳，右规矩，载四时，以开九州，通九道，陂九泽，度九山。”（《史记·夏本纪》）大禹和伯益一道，跋山涉水，将察看访听到的一切都记录下来，汇集成《山海经》。根据治水所了解到的地理、物产和交通情况，大禹还将疆土范围分成九州。《尚书·禹贡》对大禹划分的九州就有详细的记载。

二是建立赋税制度。通过治理洪水，每一个地方的土地状况怎么样，是否肥沃，能够种植什么庄稼，有哪些物产，大禹应该是非常熟悉的。因此，正是在对每一个地方相当熟悉的基础之上，大禹才能够给每一个地方的土地分等级，明标准，定贡物。《禹贡》在土地特征、土地等级、缴纳贡物等赋税制度上有具体的记载和说明，如表6所示。

表6　土地等级与赋税等级

州名	土地特征	土地等级	赋税等级	进贡物品	进贡要求
冀州	白壤	中中	上上错	皮服	
	白壤	第五等	第一等;偶尔下移一等即第二等	皮质衣服	
兖州	桑土、黑坟、草繇、木条	中下	贞	漆、丝	篚织文
	土宜种桑、黑壤、草盛、枝条发芽	第六等	第九等，下下等	漆、丝	丝装筐并染织花纹
青州	白坟、广斥、作牧	上下	中上	盐、絺,海物、丝、枲、铅、松、怪石	篚檿丝
	白壤、盐卤地、适宜放牧	第三等	第四等	盐、细葛布,海产、丝、大麻、锡、松、怪石、山桑	山桑、丝装筐
徐州	赤埴坟、草木渐包	上中	中中	土五色、夏翟、孤桐、浮磬、玭珠暨鱼	篚玄纤缟
	红色棕壤,草木丛生	第二等	第五等	五色土、华丽羽毛、桐树、磬石、珍珠、鱼	纤细的黑缯和白缯装筐
扬州	篠簜敷,草夭,木乔、涂泥	下下	下上上错	金三品、瑶、琨、篠簜、齿、革、羽、毛、卉服、织、贝、橘、柚	篚织贝,包橘柚
	小竹和大竹普遍,草生长茂盛,树木很高,低洼潮湿土地	第九等	第七等,间杂缴纳第六等	金银铜三种金属,美玉、小竹和大竹、象牙、犀牛皮、鸟羽和牛尾,草织衣服,丝织品和海贝、橘子和柚子	丝织品和海贝装筐,橘子和柚子打包
荆州	涂泥	下中	上下	羽毛齿革、金三品,杶榦栝柏。砺砥砮丹,惟箘簵楛、匭菁茅,玄纁玑组、大龟	包匭菁茅,厥篚玄纁玑组

续　表

州名	土地特征	土地等级	赋税等级	进贡物品	进贡要求
荆州	低洼潮湿土地	第八等	第三等	鸟羽、牛尾、象牙、犀牛皮、金银铜，杶榦栝柏、磨刀石、制箭石、丹砂和竹笋、美竹、楛树、茅草、丝织品、珍珠、丝带、大龟	带刺茅草装匣，丝织品和珍珠、丝带子装筐
豫州	土惟壤，下土坟垆	中上	错上中	漆枲絺纻，厥篚纤纩，锡贡磬错	篚纤纩，贡磬错
	石灰冲积土，底土砂姜土	第四等	第二等；间或缴纳第一等	漆、大麻、细葛布、纻麻、细绵、磬	细绵装筐，磬治琢好
梁州	土青黎	下上	下中三错	璆、铁、银、镂、砮、磬；熊、罴、狐、狸织皮	
	黑色土地	第七等	第八等；间或缴纳第七等与第九等	美玉、铁、银、硬石和磬，熊、罴、狐、狸的兽皮	
雍州	黄壤	上上	中下	球、琳、琅玕、织皮	
	黄壤	第一等	第六等	美玉、美石和宝珠、皮制衣料	

由表6我们发现，土地等级和赋税等级并不是对应关系，第一等级的土地也只要缴纳较低等级——第六等级的赋税，如雍州；第八等级的土地却要缴纳较高等级——第三等级的赋税，如荆州；土地和赋税等级基本一致的也有，如青州、梁州等。在贡品缴纳上，因地制宜最突出，基本上是地上有什么物产，就缴纳什么物产。如淮河流域下游地区的羽山和峄山（今江苏的赣榆和邳州市）出产夏翟和孤桐，就缴纳夏翟和孤桐；中游的淮夷地区出产浮磬、玭珠和鱼，就缴纳浮磬、玭珠和鱼。在交通运输上，容易污染的丝织品和水果一般都要求装筐和打包，以便长途运输。由此可见，最早的赋税制度是建立在实物纳税的基础之上的，必须考虑实物的特殊出产地和运输便利性。

三是确立运输贡道。缴纳贡物，表示臣属服从关系，解决交通问题是关键。缴纳贡物，没有直达天子脚下的交通就没有办法表示臣属服从关系；没有缴纳贡物，又没有臣属服从意愿，那么就必须武力征服，这也需要畅达的交通来保证军事远征的便利。因此，修筑国道，确保贡道畅通，当是建国立政、九州统一的要务。《禹贡》对九州来往王都的贡道路线（实际上是类似于每一个地方向夏朝王廷缴纳贡赋的水运国道）描述得清清楚楚。

《禹贡》还对大禹治水涉足的疆域做了一个简洁的总结，这个总结也就是国土疆域的四至界限："东渐于海，西被于流沙，朔南暨声教，讫于四海。禹锡玄圭，告厥成功。"[①]由此可见，《禹贡》所揭示的大禹时期的四至疆界就是东至大海，西至流沙，北至朔方（幽州），南至衡阳。这个四至疆界与《尧典》所揭示的尧舜时期的四至疆界略有不同，即东由"旸谷"拓展至东海，西由"昧谷"拓展至流沙，南由交趾缩小至衡阳，北则一直维持在朔方之界："分命羲仲，宅嵎夷，曰旸谷……申命羲叔，宅南交，曰明都……分命和仲，宅西，曰昧谷……申命和叔，宅朔方，曰幽都……"[②]

大禹治水到过哪些地方，缴纳什么样的赋税，九州贡道有哪些路线，这些基本上都能够反映天子对国土疆界的掌控。也就是说，向天子纳税的土地就属于"王土"或领土。国土疆域不是分好了就算数，那只是名义上的疆界。真正的疆界必须是直接隶属于国家政权管理的地方，是政令能够通达的地方，是必须建立地方（诸侯、卿大夫等）与中央（天子、国王或皇帝）隶属关系的地方。这就需要地方对中央有一种形式或行动上的服从关系。这种服从关系具体来说就是古代的朝贡。大禹开辟了较完善的朝贡制度。天子在九州内分封诸侯，赐给土地和姓氏，让其恭敬地遵守和执行政命。大禹根据土地距离与等级确定亲疏关系和赋税等级，建立朝贡制度，即根据土地距离建立五服制度，根据土地等级和物产实际情况建立赋税制度。大禹时代开创了我国最早的以五服关系和赋税等级为核心的朝贡

① 王世舜、王翠叶译注：《尚书》，北京：中华书局，2012年，第91页。

② 王世舜、王翠叶译注：《尚书》，北京：中华书局，2012年，第7页。

制度。

什么是五服呢？通常所讲的“五服”，大多是指家族内的亲缘关系。从上至下，血缘关系逐渐变远，从高祖到自己以及自己往下的孙子辈，这五代外延出去的亲戚都算作“五服”之内的近亲，即祖父、父亲、自己、儿子和孙子的亲戚。除此之外，就是我们说的“出了五服”，就不算是亲近的亲戚了。

大禹创建的五服制度最早并不是指向血缘亲戚关系的，而是指以距离远近为依据划分的管理制度，这些制度体现赋税、徭役、兵役、安置等措施。《禹贡》对五服制度是这样描述的：“五百里甸服：百里赋纳总，二百里纳铚，三百里纳秸服，四百里粟，五百里米。五百里侯服：百里采，二百里男邦，三百里诸侯。五百里绥服：三百里揆文教，二百里奋武卫。五百里要服：三百里夷，二百里蔡。五百里荒服：三百里蛮，二百里流。”①

甸服重在纳税，侯服重在服徭役，绥服重在文教武卫，要服重在行政与赋税，荒服重在行政与流放。表格形式可更清晰地表达五服制度的内涵，反映的主要是纳税者不同（见表7）。

表7　五服制度

<table>
<tr><th>五服距离</th><th>甸服</th><th>侯服</th><th>绥服</th><th>要服</th><th>荒服</th></tr>
<tr><td>100里</td><td>总：完整庄稼</td><td>采：为天子服差役，采邑</td><td rowspan="3">揆文教：设置官员，推行文教</td><td rowspan="3">夷：执行政令，遵守教化</td><td rowspan="3">蛮：简化政令，不受限制</td></tr>
<tr><td>200里</td><td>铚：镰刀，代指穗头，禾穗</td><td>男邦：为天子服规定劳役，封国</td></tr>
<tr><td>300里</td><td>秸：去掉芒尖的庄稼，谷粒</td><td>诸侯：常任斥候，为天子戍守</td></tr>
<tr><td>400里</td><td>粟：粗米</td><td rowspan="2">诸侯：常任斥候，为天子戍守</td><td rowspan="2">奋武卫：训练军事，保卫天子</td><td rowspan="2">蔡：减免赋税，遵守王法</td><td rowspan="2">流：迁徙流放，不受约束</td></tr>
<tr><td>500里</td><td>米：精米</td></tr>
<tr><td>2500里</td><td>王畿</td><td>诸侯</td><td>卿士</td><td>大夫</td><td>伍士</td></tr>
</table>

① 王世舜、王翠叶译注：《尚书》，北京：中华书局，2012年，第88—90页。

甸服要缴纳的禾穗谷米，侯服要服的差役，绥服要奋扬武威保卫天子的政教等，像极后世赋税制度中百姓要缴纳的粮税，服的徭役和兵役，国家的建立使赋税制度逐步发展完善起来。五服就是大禹根据当时的军事管理能力，以王城为中心，实施的一套管理办法；按照与王城的远近，采取不同的管理措施和手段。

地方对中央的臣属服从关系以朝贡来体现，朝贡制度的核心是缴纳赋税。以土地等级和地方物产来确定赋税等级和缴纳的实物及其数量多少，在当时的生产力水平来看，这是一种最为科学的因地制宜的实物赋税标准。

四是宣示九州统一。划定九州之后，国土疆界怎么样宣示？禹铸九鼎，用鼎来固定四至疆界，宣示九州统一。虽然历史文献并没有记载这样的说法，但是，禹铸九鼎在国家政权的建立上在客观上达到了固定和宣示国土疆界的作用，就像现在官方发布的行政地图一样。

建国定都后，国泰民安，物阜民丰。万国朝贡，金属贡品如何处理就成了大禹面临的问题。克勤克俭习惯了的大禹，没有想到给自己制造奢侈品，而是想着老百姓上山了会不会迷路，遇着野兽了怎么办。于是，大禹继承黄帝铸鼎传统，铸造九鼎，展示于朝廷之外。《春秋左传》记载："昔夏之方有德也，远方图物，贡金九牧，铸鼎象物，百物而为之备，使民知神、奸。故民入川泽山林，不逢不若。魑魅罔两（魍魉），莫能逢之，用能协于上下以承天休。"①

历史文献记载比较简单，神话故事则比较具体。关于禹铸九鼎的故事，《上古神话演义》描述得最为生动。黄河流域的民间传说《禹铸九鼎》则向历史记录又稍微靠近一点。这则故事是这样讲述的：

大禹建立夏朝后，在以前先王子孙诸侯国林立的基础上，又分封了很多诸侯国。为了检阅天下究竟有多少诸侯国，维护夏朝和诸侯国的统属关系，大禹决定召开一次诸侯大会。因这时适值各方诸侯来朝，

① 李德书编著:《大禹传》,成都:天地出版社,第2020年,第114页。

夏禹趁机举行郊祀之礼，众诸侯都留在阳城助祭。到祭祀的时候，大禹稽首伏地，深深祝祷。典礼官高声朗诵祝文，各方诸侯细细听去，前半部分是为国祈福、为民祈年，后半部分说天下受之于舜，将来亦必定传之贤人，决不私之一家一姓，以副列圣授受之意："兹查群臣中惟皋陶老成圣智，夙著功德，今谨荐于皇天，祈皇天允许，降以休征，不胜盼祷之至。"

祭毕之后，诸侯纷纷散开，又复聚拢来。大家对于大禹深深不满。一个诸侯说道："真是好笑，他荐皋陶于天，皋陶老病垂危，朝不保暮，哪个不知道？他要禅位于他，岂不是虚领人情吗？"一个诸侯接着说道："我听见说夏禹的儿子启纠合了无数心腹之臣，想承袭王位。大禹哪里肯传贤人呢？"后来不太满意的诸侯就都纷纷归去。

且说大禹郊祭之后，见诸侯不服而去者有33国之多，心中不免纳闷。计算起来，不服之国以东南两方为多。于是大禹决定在阳城东南的涂山尽早召开诸侯大会，以检讨自己的过失。这次涂山之会一般被认为是中国夏王朝建立的标志性事件。到了正式大会的日子，大禹穿了法服，手执玄圭，站在台上，四方诸侯按照他国土的方向两面分列，齐向大禹稽首为礼，大禹在台上亦稽首答礼。礼毕之后，夏禹大声向诸侯说道："我德薄能鲜，不足以服众，召集大家开这个大会，为的是希望大家明白恳切的责备、规诫、劝喻，使我知过，使我改过。我胼手胝足，平治水土，虽略有微劳，但生平所最兢兢自戒的是个骄字。先帝亦常以此来告诫我说：'汝惟不矜，天下莫与汝争能；汝惟不伐，天下莫与汝争功'，如果我有骄傲矜伐之处，请大家当面告知，否则就是教我不仁啊！对大家的教诲，我将洗耳恭听。"大家都明白禹受命于天，原本对大禹有意见的诸侯看到大禹这种态度，也都表示敬重佩服，消除了原先的疑虑。

这次大会，各方诸侯都带来了朝贺的礼物，大国献玉，小邦献帛，史书记载"禹会诸侯于涂山，执玉帛者万国"。大禹大享诸侯后，对各诸侯又重加赏赐，并申明贡法，要求务须按照规则缴纳。同时，大禹也表示要竭力保护各诸侯国的权利，使其不受邻国的侵犯。涂山大会之后，诸侯们高高兴兴分道而去。大禹也率领群臣返回都城阳城。走到半路，忽然传来急报，说皋陶去世了，大禹听了，不胜伤悼，返都之后，就又改荐伯益于天。这样，从前疑心的诸侯知道误会了大禹，就在坚决拥护大禹的同时，也积极进献各类贡品。

为表示敬意，各方诸侯常来阳城献“金”，即青铜，后来，九州所贡之铜年年增多，大禹想起从前黄帝轩辕氏功成铸鼎，为了纪念涂山大会，就准备将各方诸侯进献的“金”，铸造成几个大鼎。但为免诸侯责备，大禹经过深思熟虑，决定哪一州所贡之金，就拿来铸哪一州的鼎，将哪一州内的山川形势都铸在上面。并将从前治水时所遇到的各种奇异禽兽、神怪等一并铸在鼎上，使九州之百姓知道哪一种是神，哪一种是奸。

又过了几月，大禹已在位5年了。夏禹承帝舜之制，也5岁一巡狩。巡狩回来后，气势磅礴的九鼎铸成，即冀州鼎、兖州鼎、青州鼎、徐州鼎、扬州鼎、荆州鼎、豫州鼎、梁州鼎、雍州鼎。鼎上铸着各州的山川名物、(珍)禽异兽。九鼎象征着九州，其中豫州鼎为中央大鼎，豫州即为中央枢纽。九鼎集中到夏王朝都城阳城，借以显示夏王大禹成了九州之主，天下从此一统。九鼎继而成为“天命”之所在，是王权至高无上、国家统一昌盛的象征。大禹把九鼎称为镇国之宝，各方诸侯来朝见时，都要向九鼎顶礼膜拜。从此之后，九鼎成为国家最重要的礼器。后来夏朝为商所灭，九鼎就迁于商朝的都城亳邑。商朝为周所灭，九鼎就迁于周朝的镐京。后来成王在洛邑营造新都，又将九鼎安置在洛邑，谓之定鼎。这就是所谓的“鼎在国在，鼎失国亡”。九鼎作为镇国之宝、传国之鼎仅传三代约2000年后，因周末战火频仍而神秘失踪，至今不知所在，成为千古之谜。[①]

① 周学平、杨扬编著:《历史文化名人集》,成都:电子科技大学出版社,2018年,第7—9页。

因为禹铸造九鼎，直到现在，“一言九鼎”“问鼎中原”等还是人们常用的词语。

随着时代的发展，九鼎的象征意义逐渐大于实际作用，客观上发挥了固定疆界和宣示王土的作用。正是由于九鼎的国家宣示意义非同一般，所以九鼎“象征夏朝九州一统，象征大禹的权威和功德，是夏朝的国之重器”[①]。总之，从朝贡赋税到禹铸九鼎，大禹不仅从建国立政的实践操作层面创建了九州统一的政治制度，而且还从观念认知层面完成了九州统一的象征标识，成为九州统一的真正开创者和领路人。

① 李德书编著:《大禹传》,成都:天地出版社,2020年,第115页。

团结精神：民族融合，九州统一

国家是由宏观整体意义的国和微观细胞意义的家组成的，一个国由成千上万的家构成。在古代，国分层次，有天子之国、公国、侯国、伯国、子国和男国；家也分层次，有王室之家、公侯之家、大夫之家、卿士之家。天子之国为统一之国，为天下之代表；公侯伯子男之国为地方分封之国，为天下之臣属。王室之家为国家之家长，公侯大夫卿士之家为国家之家族成员。地方封国之间和睦相处，则民族融合，国家就会统一；闹矛盾，不团结，则民族分裂，那么国家就难以统一。家庭成员之间和睦相处，友爱互助，那么家族就会兴旺发达，国泰民安；闹矛盾，争权夺利，则家族分裂，那么九州就不会团结，国家就不会安宁。因此，团结精神就体现为国家层面的民族团结和家族层面的友爱互助。

在国家层面，民族团结体现为民族融合，体现为中央地方之间的臣属服从和地方封国之间的融洽合作。在这个意义上，产生民族团结问题的最核心原因是国土疆域的主导权问题。国土疆域的主导权说到底就是谁享有从国土上征税和征发徭役的权利。国土疆域由中央主导，则九州统一；由地方封国主导，则九州不统一。争夺主导权，维护民族团结，这是中央实现九州统一的根本任务。

大禹神话传说对民族团结精神有很好的体现。比如，禹娶涂山氏的神话传说反映的是天子之国与地方诸侯封国之间的民族团结。在淮河流域的蚌埠涂山地区，禹娶涂山氏的故事就是从部落联盟和亲的角度反映民族团结主题的。《涂山氏女》是这样讲述淮夷族涂山部落与华夏族有熊部落之间政治联姻的故事的：

涂山氏女，风姓，名女娲、女娇，别名攸女。传说为四千多年前“东夷居淮上安国”的诸侯，号称“涂山氏之子”，亦是大禹之妻，夏后帝启之母。

原始社会末期，涂山氏国作为淮夷的一个部落，物华天宝，人杰地灵，农业和手工业相对比较发达，管辖淮河中游最富饶的地区。涂山氏女就出生在这里。在母亲的教诲下，涂山氏女自幼聪颖，才华出众，成年后即成为涂山氏国的部落首领。

夏部落首领大禹，受舜帝派遣将黄河洪水引入大海后，率众“排淮泗”，全力治理淮河洪水。身为一国酋长的涂山氏女，冲破不与外部落通婚的习俗，与大禹相亲相爱，并接纳了大禹入赘涂山的求婚。婚后，涂山氏女高瞻远瞩，以“来宾为王”待大禹，让大禹分掌涂山氏国的统辖权力，寄以“我造彼昌”的厚望。在涂山氏女和涂山氏国的鼎力支持下，大禹“左准绳、右规矩”，“随山刊木”，疏川导滞，开凿长淮三峡。大禹治理淮河洪水获得成功，在涂山大会诸侯，确立了天子的地位，奠定了夏王朝的基础。后人赞涂山是大禹“功之所由定，德之所由济，政之所由立之地”。史家有言“夏之兴也以涂山”。

相传，涂山氏女曾率领涂山氏国淮夷“治水于颍”，支持居于颍水上游的夏后氏部落。此举博得夏部落的回报，曾帮助涂山氏国修筑城池。当部落联盟所在地冀州河水为患时，时有共工作乱，意在“覆冀州”，并伙同以黑龙为图腾的部落攻舜。舜令禹伐共工，禹寡不敌众。危急时刻，涂山氏女“代为禹伐，灭共工”，又“杀黑龙以济冀州”，立下了佐禹之大功。

淮水治，江汉水患未息。禹受舜之命，急赴南方治水。这时，涂山氏女生子启。她以大局为重，派一支淮夷人助禹南下。禹“居外十三年（一说三十年），三过家门而不入”。在漫长的岁月中，涂山氏女以博大情怀，悉心教育儿子启。刘向在《列女传》中赞涂山氏女：“独明教训，及启长化其德而从其教，卒致令名，子谓涂山疆于教诲。”启成年后，涂山氏女把部落交给启管理，培养锻炼启的才干。启主政涂山氏国，生产发展，富甲一方。[①]

在家庭层面，团结精神体现为家庭内夫妻、子女之间的和谐相处和友爱互助。民间传说更多的是立足家庭描述这种体现相亲相爱、友爱互助精神的日常生活。在黄河流域和长江流域，我们会发现这样的故事不少见，如浙江绍兴地区流传的民间传说《大禹娶女娇》：

大禹忧国忧民，长年累月翻崇山，越峻岭，出生入死地与洪水搏斗，连自己的婚姻大事也顾不上，到三十岁还是一个单身汉。但是他的献身精神和英勇事迹，却为广大百姓所传说。

在洪水泛滥的年代，大越靠海边的平地被洪水吞没，只有几座山露出水面，这些山就是涂山，聚居在山上的人叫涂山氏。涂山氏中有一位叫女娇的姑娘，生得非常漂亮能干，入内会当家，出外会种田，还有一个好嗓子，周围的小伙子个个都看中她，不断向她求爱、提亲，可是都被她婉言谢绝了。因为她经常听人赞颂大禹，心里十分崇拜大禹这样的英雄。

大禹治水来到了大越，上了涂山，并且在离女娇家不远的地方安营扎寨指挥治水。女娇十分关心，头一天就站在门口望着大禹，见他脸色黝黑，身材精干有力，粗布服沾满了泥，脚上穿着像小船的鞋子，一手拿着测水竿，一手拿着掘土杈，边与人商量着，边不停地干着，完全像一个普通老百姓。她对大禹更加敬佩了，忽然，大禹看见了她，并向她点了点头。女娇脸上顿时一阵绯红，一颗心好像给了大禹似的。在以后的几天，她开了接近大禹的脑筋：第一次，她给大家送茶，专门给大禹端上一碗云雾茶。第二天，她给大家送点心，专门给大禹端

① 李焕俭编著：《魅力涂山》，合肥：时代出版传媒股份有限公司、黄山书社，2015年，第178—179页。

上一碗莲子粥。第三天，她到工地慰问，对着大禹唱起情歌："我等待着的心上人啊，你为什么不开口……"婉转悦耳的歌声，使大禹十分欣赏。旁边的人看出了意思，劝道："伯禹，你为大家操心操劳耽误了自己的亲事。现在这般年纪该成个家了。女娇是我们村里最聪明伶俐的好姑娘，由她作内当家，包你没有后顾之忧，可以一心干你的国家大事。"

姑娘的多情，大伙的撺掇，大禹终于动了心，就与女娇结成了良缘。婚事很简单，不讲排场，不搞宴席，就把自己的铺搬进了女娇的舍中算结了婚。婚后第四天，大禹又要外出治水了，女娇虽然依依不舍，但想到水灾没有根治，人民不得安宁，也就鼓励大禹一心把水治好。后来生了个儿子，她也没去惊动他。大家赞扬大禹和女娇真是一对一心为公的好夫妻。[①]

以负面惩罚维护九州统一，弘扬民族团结，最典型的莫过于禹征伐三苗的故事。禹伐三苗有两次，一次是舜帝派遣大禹征发三苗，一次是大禹主动请缨征伐三苗。历史记载虽然较为简洁，但神话故事《上古神话演义》却将大禹主动请缨征发三苗讲述得格外生动细致：

誓词宣布之后，大众踊跃听命，即向云梦大泽南岸进发。那边有苗国亦派兵拒战。接了两战，有苗军不支，渐渐向后引退。大军齐渡大泽，在南岸扎下营寨。伯禹叫了敢死之士，携了劝降之书，叫他们百姓及早归附，免致大兵一到，玉石俱焚。哪知有苗之民竟置之不理。伯禹只得传令，分三面进攻。那有苗之兵并不还击，只是敛兵守险。原来这就是成驹的计策，从前早经预备好的。成驹的意思，知道实力相扑，一定不能抵敌，所可恃者，全在地理上险阻。所以他遇到伯禹之兵，略略抵抗，随即退守他所预定的山岩。那边已筑有很坚固的防御工事，伯禹兵仰攻不能得手。

① 徐德明:《大禹与绍兴》,绍兴:绍兴市文物管理处编印,1995年,第37—38页。

这时正值夏季，炎雨郁蒸，瘴气大盛。过往的飞鸟触着这气，都纷纷堕入水中，北方士兵如何支得住呢！看看攻打将近一月，虽然亦夺得几个山头，但是一山之外还有一山，要犁庭扫穴，正不知道在什么时候。伯益看得这个形势不妙，深恐从征诸侯因此懈体，藐视中朝；或者苗兵趁我疲惫，乘势冲出，反致失利，于是当着大众诸侯发一个议论道："现在我师进攻不过三旬，苗民已只能退缩，并无反抗的能力。从此直攻过去，加以时日，原不难把苗民扑灭。但是某的意思，以攻心为上。苗民顽梗，如专以力服，恐怕是不对的。……照这样看起来，至诚之道可以感格天神，何况有苗呢！"

…………

且说伯禹诞敷文德，两阶干羽舞了七旬，忽然得到有苗的谢罪表文，不禁大喜，以为文教果能柔服远人，于是吩咐筹备延接典礼，特加优渥，以示鼓励。过了几月，有苗国君到了，朝觐礼毕，循例赐宴。[1]

自修文德，以化天下；辅振武备，以备不虞。这是军事上以攻心为上的成功例子。虽然和刘邦的四面楚歌相比，花费的时间更长，但是，达到的效果也并不差，因为自此之后，三苗就不再是夏王朝的威胁，而成为民族融合、九州统一的经典案例。

大禹不仅是治水英雄，也是增强民族团结、促进民族融合的英雄。在治水过程中，他善于处理各部族的关系，调动各部族人民的积极性；善于从全局出发，在九州大地上全盘规划，统一指挥，按照统一的计划施工，这就逐渐培养了老百姓的团结合作、齐心协力的精神。禹征三苗和禹娶涂山氏则从民族团结的层面诠释了维护九州统一、增进民族融合的民族团结精神。

民族与国家唇齿相依，家和国也一样密不可分。从国家层面来看，国家是民族的国家，民族是国家的民族。民族团结，融洽和谐，这是国家之

① 钟毓龙:《上古神话演义》,杭州:浙江文艺出版社,1985年,第1581—1584页。

福；民族分离，百姓流离失所，这是国家之灾。从家庭层面来看，国是家的国，家是国的家。家庭团结友爱，国家才会和谐吉祥，呈现祥瑞气象；家庭矛盾丛生，国家也会不得安宁，社会动荡。无论是从家庭还是从民族和国家的角度来看，大禹都是维护民族团结、促进九州统一的象征，是我们各民族共同敬仰的人文始祖。因此，民族融合，九州统一，大禹神话传说反映的这种民族团结精神应该成为我们着力弘扬的中华民族精神。

法治篇

防风冢和上下洪村[1]

防风冢，又称为防风氏墓，坐落在涂山西南淮河、天河之间的曹洲湾。光绪《凤阳府志》载："夏防风氏冢在淮心洲上。"嘉庆《怀远县志》载："旧志（防风冢）在县南七里曹家洲，现存。水涨不没。"

上洪、下洪是位于涂山西麓、淮河东岸的两处古老的村庄，也是淮河荆山峡的两处古渡。其中，上洪村还是淮河与天河之间古老的集市。而防风冢和上下洪村的地名来历，都要从大禹治水说起。

防风氏，上古人物或部落名称，传说是远古防风国的创始人，又称汪芒氏、汪罔氏，今天汪姓的始祖。《中华姓氏》汪姓起源有"源自姬姓""源出漆姓"等说法。在解释"源出漆姓"时，文载："夏朝初期，防风氏国君被大禹所杀。商王朝时期，防风氏被称为汪芒氏或汪罔氏，并改漆姓。到了春秋时期，汪芒氏后裔为了表示对先祖的怀念，便改用汪姓。"防风氏生活在尧舜禹时代，为当时部落的首领，这个部落叫作防风族，也叫汪风族。传说大禹治水时，防风族人干了很多挖沟筑堤的活。其首领防风氏，是个神人，身高数丈，顿餐斗米，力大无穷，活干得最多。他高兴起来，挖一兜泥甩在河岸，那就是一座土山。他用手在水中扒扒，那就出现一条小河。

大禹治水成功，在涂山脚下召开诸侯大会，商讨安邦治国大计，万国诸侯按期前来朝贺听令，唯独这个防风氏居功自傲，故意迟到捣乱。大禹

① 本故事节选自李焕俭、吴国成编著：《禹会掌故》，合肥：时代出版传媒股份有限公司、黄山书社，2019年，第12页。

执法如山，为严明法纪，将其杀死。防风氏尸骨埋在涂山西南的曹洲湾。“尸倒九顷地，血染上下红（洪）”，说的就是防风氏被杀时的故事。

防风冢原来占地30亩，由淮河河沙堆积而成，沙粒呈谷粒状，质地柔软，色泽金黄，高出淮河河岸20余米，远远望去如同巍峨的山峰，是附近上下洪、冷水涧、韩郢等地村民摔跤比武和排练花鼓灯歌舞的好去处。千百年来，淮河发大水，天河、淮河、芡河三水相会，曹洲湾洪流滚滚，一片汪洋，唯防风冢漂浮在水面。民间传说，防风氏是水神，水涨墓高，再大的洪水也淹不了墓冢。因大规模开发，今墓冢变为土丘。

防风冢是涂山风景区著名人文景观。古往今来，前往凭吊的人络绎不绝。唐人柳宗元在《涂山铭》中有“则戮防风，遗骨专车”。宋人苏东坡《濠州七绝·涂山》中有“川锁支祁水尚浑，地埋汪罔骨应存”。宋人黄庭坚《涂山》诗中有“启母石迎新月白，防风冢映夕阳红”。

上洪村与下洪村，以八宝山、小涂山为界，山南属上洪村，山北属下洪村。上洪村有井上桥、桥上井、井下桥、桥下井、三步两个桥、桃花井、华佗庙、防风冢、上洪古寨、老营盘、上洪古渡等人文遗迹。下洪村有下洪古渡、佟妃祖墓、杨都堂墓、鲧王庙、淮渎宫、关帝庙、温神庙、尼姑庵、树上桥、西大涧、石榴沟、虎头岭、朝禹路（西段）等人文景观和自然景观。

上下洪的淮河大峡谷，人称荆山峡，是淮河著名的三峡之一，也是大禹治水疏导的重点工程。《水经注》载：“平阿县有当涂山。淮出于荆山之左，当涂之右，奔流二山之间，西扬涛北注之。”①

① 钟利戡、王清贵辑编：《大禹史料汇集》，成都：巴蜀书社，1991年，第174页。

皋陶墓和圜土

大禹治水成功，受到舜的高度赞扬，于是舜的另一名助手“皋陶于是敬禹之德，令民皆则禹。不如言，刑从之”（《史记·夏本纪》）。今天的安徽省淮南、寿县之南，即被称为“皋城”的安徽省六安市，距城东15千米小庙村六合公路北侧遗存有皋陶墓冢。

夏禹大飨诸侯，燕饮完毕，诸侯各归帐次。到了次日，夏禹对于各诸侯又重加赏赐，并申明贡法，以后务须按照规则交纳，毋得延误。众诸侯皆唯唯听命，分道而去。夏禹亦率领群臣回都。刚到中途，忽然都中有急报递来，说是皋陶薨逝了。夏禹听了，不胜伤悼，急急赶行。到都之后，亲往皋陶家中临奠，并慰唁伯益弟兄。过了三日之后，举伯益为相，继皋陶之任。又将皋陶庶子二人各封之以地：一个地方在英（现在安徽省英山县），一个地方在六（现在安徽省六安市），以奉皋陶之祀[①]。

皋陶墓为圆形土冢，周长97米，高6.2米，墓顶平面直径4米，上有黄连木一棵，形同华盖，墓前有清同治八年（1869年）安徽布政使吴坤修手书“古皋陶墓”碑刻一块，碑高1.82米，宽0.92米。

皋陶，又名咎繇（jiù yáo），是古代东夷部落少昊氏的首领。生于尧帝之时，卒于夏禹之前，活到106岁。皋陶辅佐尧舜禹三代君主，是我国上古时期伟大的政治家、思想家、教育家，被历史学界和司法学界誉为“司法鼻祖”。在担任帝舜时期的大理官和“士师”时，曾经兴五教，定五

① 参见钟毓龙:《上古神话演义》,杭州:浙江文艺出版社,1985年,第1653页。

礼，创五刑，立九德，亲九族，为夷夏融合做出了特殊贡献[①]。皋陶的主要功绩是制定了以“墨、劓、剕、宫、大辟”的象刑为常刑和以典刑、流刑、官刑、教刑、赎刑为五用的刑法，谓之“禹刑”，是中国历史上最早的刑法[②]。

圜土，是夏、商、周三代普通监狱的通称，主要用于关押劳役刑徒。在地下挖成圆形土牢，或在地上围起圆形土墙，把“罪犯”关在里面。《竹书纪年》记载，夏代第八位帝王“芬”（《史记·夏本纪》为“槐”）是少康的孙子，他首先修建了圜土，用以监禁反抗者，以解决当时极其激化的社会矛盾和阶级矛盾。

---

① 参见杨鲁昌:《寻根中华——被历史遗忘的东夷文化》,北京:中国文史出版社,2014年,第313—321页。

② 参见王世舜、王翠叶译注:《尚书》,北京:中华书局,2012年,第20页。

焦山和庚辰

焦山，最出名的是江苏镇江的焦山，为京口三大名山之一。焦山位于镇江市大市口东北4.5千米的长江之中。山南有定慧名寺，寺东有宝墨轩（又名焦山碑林），轩内珍藏有《瘞（yì）鹤铭》。《瘞鹤铭》原为焦山断崖石上的摩崖石刻。镇江焦山自古以来就是军事必争之地。宋代汪元量曾写有《焦山》一诗："焦山寺里白云堆，百尺危楼百尺台。持咒圣僧漂海去，寻访闲客渡江来。雷轰古树蜈公出，日转虚檐燕子回。案上楞严都好在，昆明又见有新灰。"

与大禹治水有关系的焦山位于河南登封市嵩山脚下，紧邻太室山。在这里，大禹曾经治过水，烧过蛟龙，斩过庚辰，增修过法律。焦山下面有个焦河村，位于登封市中岳街道办事处，设有登封市焦河产业集聚区。相传大禹治水时，嵩山东溪的蛟龙曾帮助颍河恶龙和大禹交战，大禹最终杀死了它们。后人就称这条河为蛟河，现演变为焦河，焦河沿岸的村庄称为一溜焦河。焦河，又称蛟河、五渡河，位于颍河干流的左侧，发源于嵩山太室山的东麓，流经张村、康村、任村、五渡村、竹园，于告成镇西面流入颍河。焦河长约16.7千米。焦河上修建有焦河桥。

庚辰，上古神话人物，大禹的外甥，为大禹七员正将（又叫天将，即庚辰、黄魔、狂章、童律、大翳、繇余、乌木田）之首[①]。

① 参见钟毓龙:《上古神话演义》,杭州:浙江文艺出版社,1985年,第926页。

禹斩防风氏[1]

很久以前，天地之间都是洪水。涂山一带，老百姓也不知道淹死了多少。禹王爷心急如焚，决定在禹会村召集天下诸侯，商讨安邦治国大计，违令者，斩！一道令下，各路诸侯没有一个敢怠慢的。个个风雨无阻，披星戴月匆匆地赶来。

会期到，禹王爷一一过数点了名。三千诸侯，到了两千九百九十九，别人都到了，只少了他的外甥防风氏。

提起防风氏，可不简单。此人姓漆，天生的大个头，说不上多高，人们要昂着头去看他。眼光像闪电，说话像闷雷，吹口气能飞沙走石……力大无比，就连这荆涂二山都不够他担的。

防风氏在治理洪水初期，确实立过不少功劳，连禹王也打心眼里佩服他。后来他居功自傲啦！禹王几次警告他要虚心，不要自高自大。他总当耳旁风，以为自己功劳大，了不起，成天没早没晚地喝酒，醉了就打骂百姓，高兴就干活，不高兴就睡大觉。有时候他竟连禹王也不放在眼里。认为你们离开了我老漆，就治不成水，小百姓就活不成！我是禹王爷的外甥，不去赴会又怎样？还不是老一套，今天挖河，明天排水，东奔西走，吃不好一顿饭，睡不成一晚觉！这水治得也差不多啦，可以快活快活咧！

这次会已开了三天，快散了，他才吊儿郎当、松松垮垮来到会场。禹王爷心里早就有气了，现在又见他一脸傲气，满不在乎，气得实在忍不住

① 本故事节选自李焕俭编著:《魅力涂山》,合肥:时代出版传媒股份有限公司、黄山书社,2015年,第237—238页,156页。

啦。杀吧，是自己的外甥，老姐姐跟前一个独头儿子；不杀，对不起天下百姓，这节骨眼不按期来开会，就是拿千千万万人命开玩笑嘛！像这样下去，以后治水的事情就不好办了。纪律是大伙定的，大伙就得遵守。是外甥就该徇私吗？己不正，焉能正人？他下定决心，“杀！”令一出如山倒，下面武士们就上来绑缚防风氏，可也有几个诸侯上前求饶说情的，禹王毫不领会。

防风氏一听他舅舅要斩他，开始以为是吓唬他，后来见武士真的上前来绑他，才知当真。他吓瘫了，站也站不起来了。

可斩，又怎么斩呢？执行的武士倒难为起来：“个头这么大，咋办?”

禹王爷命令防风氏跪下来，叫刽子手爬上文笔峰的山顶，搭了个高大的脚手架，用“降魔剑”斩首。诸侯百姓没有一人不钦佩禹王爷执法如山，也没有一人不吓得目瞪口呆。

防风氏哭了，眼泪滴在淮河里，像暴雨一般。血，把河水染红了，尸首倒了下来，有几里地，尸骨用几百辆车子往外拉。至今这里还传说“尸倒九里，骨拉千车，血流上下红（洪）”。现在涂山脚下的上洪（红）村、下洪（红）村的名字，就是打那时留下来的。

禹创五刑[1]

皋陶自从到南方见了三苗那种残酷之法，深深有所感动，所以回到帝都之后，便提出一种意见。他的意思，以为用刑之道是国家出于万不得已，所以用刑的原因有两种，一种是要本人自己知过而改悔，一种是使人人以此为鉴戒而不敢犯。但是这些都是治标之策，不是根本的办法。根本办法首在教化，使人人知道善是当做的，恶是不当做的，如此何至于有犯法之人？刑罚可以废而不用，岂不甚善？然而这一层岂易办到。其次则不能不用刑罚，但是与其使他们以受刑罚为可畏，不如使他们以受刑罚为可耻，使他们畏怯。但是，胆小者畏，胆大者竟不畏，你又奈何了他？即使大家都畏法了，亦不过是不敢犯法，并非是不肯犯法，仍旧不是根本解决之道。况且对于犯法的本人而言，要他改悔，那么必先给他一条可以改悔之路。假使如三苗的方法，杀的杀，刖的刖，劓的劓，黥的黥，宫的宫，死者固然不可复生，刑者亦岂能复续，即使他要改过自新，其道无由。因此这种刑罚岂但残酷之极，简直是岂有此理。

所以皋陶的提议，第一个是象刑。仿照三苗的成例，有墨刑、劓刑、剕刑、宫刑、大辟之刑等等，但是不用实做，而都用画像。如犯墨刑的人，头上给他蒙一块帛；犯劓刑的人，身上给他穿一件赭衣；犯剕刑的人，膝上给他蒙一块帛而画出来；犯大辟的人，给他穿一件没有领的布衣，这么一来，他肉体上并无痛苦，而精神却是痛苦不堪。走到这里，大

① 本故事节选自钟毓龙:《上古神话演义》,杭州:浙江文艺出版社,1985年,第1449—1452页。

家都指而目之，说道“罪犯来了”，走到那里，大家亦都指而笑之，说道“罪犯来了”，由精神的痛苦而生出愧耻之心，由愧耻之心而生出改悔之意。他果然能够改悔，只要将这种衣服脱去，依然完完全全是一个好人，并没有一点形迹看得出，所以这种象刑确是一种顶好的方法。但是到了后世，羞耻之心唯恐其不打破，而且用刑亦不能确当，那么这种刑罚自然用不着了。

第二个是流刑。这个人的罪状已经确凿，无可赦免。但是考察他犯罪的实际，或是出于不识，或是出于遗忘，此等人如一定要按罪用刑，未免有一点冤枉。所以定出一种流刑，按照他所犯事迹之轻重，将他逐出去，远则边外，近则国外，使他于精神上痛苦之外，更增到一种起居饮食不安适的痛苦，亦是警诫他的意思。

第三个是鞭刑。在官的职员有懈怠玩忽、贻误公务的，用蒲草制成一鞭，拿来鞭他。蒲鞭并不痛，这个亦不过是耻辱的意思。

第四个是扑刑。在学校中之生徒，有不肯率教者，用榎楚二物扑之。榎用稻草做，楚用荆做，扑是小击，亦不甚痛苦，亦不过是激起他羞耻之心的意思。

第五个是赎刑。他的本意甚善，而结果倒反害人，这种罪允许他拿出金银来赎。譬如邻人生病，我拿出药方去给他服，岂知药不对症，因此丧命。说他是有罪，他明明是一片好心；说他是无罪，一个人明明因他致死。这种案件是很难断，所以准他拿出金银来赎，就是罚他不小心的意思。

以上五项刑条，分开来说，亦可以叫作九刑，就是墨、劓、刵、宫、大辟，外加流、鞭、扑、赎四项。

还有两种罪必须赦的：一种叫作眚，名为妖病，就是神经病，虽则犯罪，应该赦免；一种叫作灾，出于不幸，不能自主，譬如我拿一柄刀想去砍树木，忽然为他物所撞击，因而杀人，这亦是应该赦免。

还有两种犯罪的人必须严办，万万不可赦免。一种是倚靠势力而故意犯罪的，譬如天子之父，仗着他的儿子做天子，以为我虽犯了罪，你们无可奈何我，这种名叫怙，有心犯法，可恶至极，所以一定要照法办。一种是犯了又犯，始终不肯改悔。这种人羞耻之心已死，无论如何也激发他不起来，他的为恶要终其身了。所以这种罪名就叫终，亦非严办不可。

皋陶当时将这种大意提出于朝廷之上，经太尉等细细商酌，通过之后，奏知帝尧，然后公布施行，将及一年，颇有效果。当下同僚等将这种情形与文命谈及，文命听了佩服之至。

焦山斩甥[1]

嵩山脚下颍河岸边有个小山包叫焦山，这里流传着大禹治水、火烧蛟河、焦山斩甥、增修刑律的神话故事。

大禹治水一向是劈山岭、开河道、撒息壤、筑堤坝、疏导洪水入河归海。但只有一次治理嵩山南面洪水的时候，破例采取火烧的方法。他在点火以前，先派自己的外甥庚辰去把守蛟河下游的口子，嘱咐说："你的职责是把好蛟河口子，严防颍河蛟龙顺水逃走。"庚辰不解其意问道："舅舅，采取火烧，会杀死许多无辜生灵啊！为什么不使用以往行之有效的办法呢？"大禹解释说："这次跟以往情况不同，若用疏导方法，会给蛟龙留下空子。它一旦逃走，我们到外地治水走后，它还会卷土重来，后患无穷啊！"庚辰知道了大禹用意，二话没说，立下令状，来到蛟河口的一个山头上，手执大戟，二目圆睁，密切注视着蛟河方向的动静。不多时候，看见蛟河上下火光冲天，浓烟滚滚。心想这一回颍河蛟龙一定葬身火海无疑，产生了麻痹情绪，思想一松懈，坐在地上就昏昏入睡了，直到大火烧毁了身边的树木杂草，绿山变成了红山都不知道。恰恰就在这个时候，被烧得遍体鳞伤的颍河蛟龙，从这里逃走了。

再说大禹点火以后随着火势往下察看，看着烧焦的河滩上，有许多鱼鳖虾蟹被烧死，但是始终没有发现颍河蛟龙的尸体，引起了警觉，率领部下加速追赶。当他追到蛟河进入颍河后的第一个山头的时候，看见庚辰正

① 本故事节选自张振犁编著《中原神话通鉴》(第四卷)，开封：河南大学出版社，2017年，第1141—1142页。

在睡觉，心中恼怒，狠狠踢了庚辰一脚，骂道："畜生，山都烧焦了你还在睡！"庚辰睁眼一看，只见大禹怒气冲冲地在面前站着，再看绿山烧成了焦山，知道因为自己贪睡，使颍河蛟龙从这里逃走了，便跪在地上等着杀头。大禹要斩杀庚辰，满营将士没有一个人敢于出来讲情，只有伯益提出了不同意见，说："庚辰错误严重，按照刑律应当从严处治，但是，我们再也不能像舜爷对待老崇伯那样，犯了错误就杀！"大禹本来对斩杀庚辰于心不忍，听到伯益提出了不同意见，问道："你说怎么办？"伯益说："颍河蛟龙是庚辰贪睡放走的，应该再让庚辰去把它捉回来。"大禹又问："庚辰把蛟龙捉回来又该怎么办？"伯益说："将功折罪。"大禹说："从古到今，可没有这种先例呀！"伯益说："现在我们这样做，以后就有先例了。"大禹说："这样做没有法律依据啊！"伯益说："以前的刑律只有'赏功杀过'，现在增加一条'将功折罪'，不是更完善了嘛！"大禹觉得伯益的建议很好，又联想到从前刑律要有这一条，自己的父亲也许不会被杀。于是决定给庚辰一个立功赎罪的机会，说："庚辰听着，你的错误严重，本来应该斩首，但给你一个立功的机会，你快去把颍河蛟龙捉回来，将功折罪。"庚辰得了活命，不敢怠慢，站起身来，提起大戟顺着颍河追赶蛟龙去了，捉住了颍河蛟龙，立了新功。大禹先赦免了庚辰，然后把颍河蛟龙锁在勺河西岸的一个枯井中。从此，颍河蛟龙再也不能出来起洪作乱了。

将功折罪：宽严相济，立功赎罪

大禹精神是大禹在长期治水实践中形成的光辉精神，是以身为度，以声为律的律己精神；严明法度，公正执法的法治精神；民族融合，九州一家的团结精神。大禹精神不限于大禹一人，而是凝聚了一代代中华子孙共同的精神追求，是中华儿女的精神旗帜，是中华民族精神核心价值的基石。

大禹治水成功后，他被尧帝赐氏有夏，受舜禅让，后成为中国第一个奴隶制王朝——夏朝的创始人。执政期间，大禹忧国忧民、任用贤人、兴利除弊、富足民生，实为古之贤帝。而大禹要面临的不仅仅是洪水的治理，还有灾后重建、恢复生产、改善民生等棘手难题。这也是大禹迫切需要构建法制的正当性，而远古时期的法制文明就从这里起源。

在治理水患的过程中，大禹结交了一帮生死患难的大臣，如伯夷、皋陶、伯益、后稷等。尤其是皋陶，他是舜手下的一个执法大臣，对大禹十分敬仰，积极通过法律手段来支持禹的事业。在某种程度上，这对那些顽逆的原始部落也起到一定的震慑作用，为禹治水减少了不少障碍。总之，各原始部落的信服与支持，朝中诸大臣的敬重与配合，都是大禹登上天子宝座的基础。

大禹在法律运用和执行上比较严格。河南登封市就流传着大禹自己严格遵守法律、带头执行法律的民间传说《大禹治洪水过家门》（见自律篇“自律精神：克勤克俭，严以律己”）。

大禹对下属的严厉主要体现在对违纪问题的处理上。在淮河流域，民间传说《大禹斩防风》主要是反映大禹对治水工作纪律的严格要求。防风氏工作态度不端正，吊儿郎当，在涂山举行治水工作会议时迟到了，所以，大禹怒斩防风氏。在浙江绍兴地区，《大禹斩防风》又是另外的说法，防风氏不是在治水工作会议上迟到，而是在五年一度的会稽山考绩庆功大会上迟到。绍兴市流传的《大禹斩防风》是这样说的：

大禹来到会稽山开庆功会。各路治水的领头人陆续前来。到了开会的日子，大禹一点人数，还缺一个防风氏。

这防风氏个子非常高大，曾经和大禹的阿爹鲧一起治过水。因为他们治水只堵截，不疏导，劳民伤财，治水失败了。于是鲧被流放，防风氏侥幸留下。后来，防风氏跟大禹治水，倚老卖老，不愿跟随大禹吃苦，说让他带些人仍到山间去筑坝拦洪。山间筑坝拦洪也是治水的一种方法，大禹就同意了。

防风氏带了些人在四明山筑坝，把四明山北坡的水全拦了起来。这回他以为大功告成了，就在山巅的安乐窝里，呼噜呼噜睡起大觉来。不料几天大雨，大坝倒了一大截。山洪哗啦啦往下泻。那时姚江还没挖成，余姚百姓死伤惨重，等到防风氏重新把坝筑好，已是大禹在茅山开会的第二天了。防风氏瞒着灾情来见大禹，大禹十分气愤，就问身边执法的人道："失职欺上，酿灾伤人，该定何罪？"执法的人答道："依法该斩！"大禹点了点头便叫随从把防风氏绑了去杀头。

因为防风氏个子高大，跪在地上，执刑人的刀子还够不着他的项颈，于是大禹就叫人到会稽山西北面，建筑一个刑堂，堂中设立高台，把防风氏的罪名公之于众，让防风氏跪在刑台下，用刑的人站在台上，这样手起刀落，才把防风氏的头斩了下来。

大禹斩了防风氏，立即带领一行人赶到余姚去挖江，引洪入海。

这建刑堂、斩防风氏的地方，据说就是现在绍兴县的"型塘"。当地百姓便把防风氏的尸体葬在附近。后来老百姓在治理镜湖时，还掘出过一根七尺长的人骨，据说便是防风氏的脚骨。人们为纪念防风氏没有功劳也有苦劳，就在镜湖边建了一座“七尺庙”。这根长骨出土后，防风氏的后代就赶到那里，东掘西挖又找到一些尸骨，他们把这尸骨重新埋在马山，并且在马山造了一座防风庙，四季祭祀供奉香火。①

天时地利人和共同成就了大禹的治水伟业。大禹治水在某种意义上已经被看成了重整社会法度、综合治理社会的代名词。而且，大禹在法制构建上，也并非一味使用严厉的刑律镇压，而是选择了宽严相济、将功折罪、立功赎罪这样积极的态度。在淮河流域，反映大禹宽严相济、将功折罪、立功赎罪的故事还有不少。下面的这则民间传说说的就是大禹的这种思想：

巫支祁原是涡淮水神，他的父亲是天庭玉皇大帝的天马，曾到桐柏花果山和龙女私订终身。花果山的一个老猴子告诉他，听老辈说过，曾有仙女把一个肉蛋放在这个石头里，口中声声连喊什么“巫儿，巫儿”。于是，他喜得直蹦，喊叫着：“我有爹娘啦，我名字就叫巫儿！”巫儿因在桐柏山水帘洞得到无字天书，变成了有思想和智慧的精灵，统领桐柏的群猴，算计着要顺淮河到东海称王称霸。

大禹导淮，听说桐柏山淮源有妖魔兴风作浪，遂招来万神迎战巫支祁。西王母女儿云华夫人身边的侍卫庚辰，带领七员天将以通天彻地之能襄助大禹。经过激战，庚辰取出西王母赠送的绳索，正好套着巫支祁的脖子，又用紫金铃穿过他的鼻子，像耍猴似的牵着巫支祁，往天上飞。巫支祁却忘了自己是水神，离不了水，开始还不很在意，后来猛然发现不对劲儿，一上天空，连呼吸都困难。他雄心顿失，为了保命，只得求饶，向庚辰表示降伏，从此不再祸害百姓。

大禹为治淮，叫巫支祁随着治水的队伍顺淮河往中下游行走。禹问计巫支祁，只见他把天下的形势、洪水的来源、江河的深浅、山脉

① 徐德明主编：《大禹与绍兴》，绍兴：绍兴市文物管理处编印，1995年，第44—45页。

的远近，以及淮河的治理，都说得明明白白，有条有理。禹在欣喜之中，难免生疑：“我照你说的办法治理淮水，能够治好吗？”巫支祁不以为然地说：“我是水神，当然知道利用水势，不可过分违逆它。要不，只能制住一时，管不了长远。为你凡世人类筹划，最好的办法只有‘疏’和‘凿’两个字。”大禹听后为之折服。念其将功折罪，饶了巫支祁一命，命庚辰把巫支祁囚禁到淮河源头。

明洪武三年（1370年），朱元璋下“定各路神号诏”，并正式封淮河为“东渎大淮之神”。古人对江河的祭祀，初衷是出于对大自然的敬畏，本意在为百姓祈福消灾。然而，天灾人祸造成的黄河夺淮，特别是南北朝时期截拦浮山堰和北宋南迁以水代兵造成的灾难，以及明清两代以牺牲淮河流域的自然生态为代价，保障京杭运河漕运的做法，即使再隆重的祭祀，“淮渎大神”也无法确保淮水的安澜。[①]

大禹宽严相济、立功赎罪的法治理念，体现了大禹以民为本的法治思想。刑罚不株连子孙，赏赐却要延续到后代。对过失犯罪，无论多大都能宽恕；对故意犯罪，无论多小都要惩罚。遇有疑罪从轻论处，功劳有疑则从重赏赐。与其杀害无罪之人，宁愿放纵有罪之人。这种罚弗其嗣、罚必当罪、审慎恤刑的司法理念，促进了社会和谐。

纵观大禹一生，他的重大功绩不仅是治理了洪水，发展了生产，使人民安居乐业，更重要的是他结束了中国原始社会部落联盟的社会组织形态，创造了“国家”这一新型的社会政治形态，用阶级社会代替了原始社会，以文明时代取代了野蛮时代。大禹为远古时期的法制文明留下了浓墨重彩的第一笔！

① 郭学东、袁梦茹：《走读淮河：“淮渎大神”为何许人？》，蚌埠市博物馆网，https://baijiahao.baidu.com/s? id=1725734395301879413，2022-02-25。

纲纪有度：夏有乱政，而作禹刑

大禹是中华民族奠基立业的伟大祖先，他上承炎黄尧舜，下启奴隶制社会，以他的智慧和力量结束了一个旧时代，开创了华夏民族的新时代。大禹不仅同炎黄尧舜一样具有巨大影响力和感召力，而且与他们相比，大禹的功绩更加卓著。大禹精神的种子已经撒遍中华大地的山山水水。其踪迹所至，形成了山川风物、习俗民情、图腾崇拜等，覆盖面积广，影响深远。

大禹坚持有典有刑，法度严明。《春秋左传·昭公六年》有文记载："夏有乱政，而作禹刑。"①《风俗通义·佚文》记载："夏禹始作肉刑，则天象，而慎其过。"②皋陶在辅佐大禹治水时，作"士"官，即狱官之长，就是负责司法和主管监狱的职官。《史记·夏本纪》记载："皋陶作士以理民。"意思就是用法律的手段去治理人民。

大禹和皋陶协同与共，为巩固联合诸侯树立了榜样。有这两个强大部族的榜样，以治水强化联合诸侯的目的已经达到。当然，皋陶在治水中的贡献还不限于此。最重要的贡献是，皋陶确定了治水行动的基本行为规则，即法律，以保证治水的持续性和有效性。《史记·夏本纪》记载皋陶"令民皆则禹。不如言，刑从之"。"则禹"不仅指一切治水行动听指挥，也包括以强制力保障治水后方物资供应。

刑法最初起源于对外征战的军事行动。此时，皋陶作刑保障治水，刑

① 钟利戡、王清贵辑编：《大禹史料汇集》，成都：巴蜀书社，1991年，第22页。

② 钟利戡、王清贵辑编：《大禹史料汇集》，成都：巴蜀书社，1991年，第181页。

罚的功能开始从战时转向平时。从“刑起于兵”到“刑起于水”再到“刑起于治”，禹刑经历了这样三个阶段。到了夏禹时期，人心不古，连诸侯王都变得贪心不足，皋陶的“象刑以治”已经不起作用。于是，夏禹叫大臣施黯起草刑法，这就是大禹再次确定的“禹刑”。这次的“禹刑”虽然和三苗制定的“刑起于兵”的肉刑差不多，但是，法治理念已经迥然不同。下文是《上古神话演义》对这次司法改革的详细描述：

施黯道：“柏成先生的话未免太过了。文明日开一日，那么人民知识日进一日，同时道德方面却日退一日，这是一定的趋势。臣以为尧舜之世，不赏而民劝，不罚而民从，不必一定是天子德盛之故。现在之民，赏而不劝，罚而不从，不必一定是天子德衰之故。文明进步，势有必至，理有固然。要想补救之法，臣以为宜加重刑罚，最好仿照三苗国的办法，创立肉刑。从前唐虞两代主张用象刑，纯是从良心上着想，希望激起他们的羞耻，而且使他们可以改过，不致终身废弃。这固然是仁爱之心，但是人的良心微乎其微。第一次，第一人，或者还有几分羞耻之良心发现；次数一多，人数一多，那么就觉得屡见不鲜，恬不为耻了。况且犯法的人，或者杀人，或者伤人，人家受他的损伤不少，而伤人杀人的人仅仅在他衣服上做一个记号，既不痛，又不苦，所何惮而不为？而那个被伤被杀的人，倒反是残废终身，或者含恨于九泉，是真所谓‘宽以待莠民，刻以待良民’，不平之事，无过于此！臣愚以为现在民风浇薄如此，未始非唐虞两代刑罚过宽所酿成。天有雨露，不能无风霜；时有春夏，不能无秋冬。宽仁之后，非继以威猛不可，未知我王以为如何？”

夏禹未及开言，横革道：“这个恐怕太不仁吧？从前三苗乱政，沿蚩尤之弊，作此惨酷之肉刑，我王治水到荆州之时，曾经声其罪而讨之。现在自己来作肉刑，岂不是尤而效之，罪又甚焉么！”施黯道：“不是如此。仁有大小，小仁者，大仁之贼也。所以古圣人说：‘小不忍则乱大谋。’刑罚的用意，不但是对于已经犯罪之人施之以儆戒，亦是要使未曾犯罪之人知畏惧。已经犯罪之人，譬如他伤人已经伤了，杀人已经杀了，追悔亦已无及，就是将他刑戮或诛杀，亦何补于被伤被杀之人？然而因为已无所补，竟不办他之罪，或办以不痛不苦的罪，那么不但使受害者不平，就是犯罪者一想，我伤了人，杀了人，所得的结果不过如此，下次何妨再一试呢。那旁边观看的人心里一想，他伤人杀人，结果不过如此，我何妨亦来试一下呢。照这样一来，要想保全一个犯罪的人，而使被害者不平，又使犯罪仍复乐于犯罪，不犯罪者亦想落得犯罪，岂非小仁是大仁之贼么？假使严重刑法，哪个敢来尝试呢？先帝所谓'辟以止辟，刑期无刑'，如此才可以得到这种效果。岂是妇人之仁、养痈成患的方法所能做得的么？至于三苗之所以用肉刑，与我们现在所以要用肉刑的意思完全不同。三苗的意思是立威，使人民怕他。我们要的意思是惩凶，使人民不敢犯法，哪里是尤而效之呢？"横革道："同一肉刑，他的用意如何，哪个能辨得出呢？"施黯道："这个容易。以立威为主的，不论是非曲直，以从顺违忤为标准，冤枉惨死之人必多。以惩凶为主的，专论是非曲直，以法律刑章为标准，冤枉惨死之人绝少。这就是分别了。"

夏禹听了，叹道："朕德不能及先帝。讲到用肉刑，恐怕真是势所必至，别无他法了。不过既用肉刑，一出一入，关系甚大，万万不可稍有冤枉的。皋陶老病，能否康复，殊不敢必。假使没有如皋陶这样的人，还以不用肉刑为是。"季宁道："皋陶的治狱，固然是他的聪明正直，能服民心，但是他遇到疑难之处，迟回不决，亦须要叫獬豸来试一试，方才明白，可见一半亦全在那只獬豸之功。如今獬豸已死了，以我王请召鬼神的能力，只要向鬼神再讨一只獬豸来，何事不可了？何必一定要皋陶呢！"夏禹刚要开言，杜业立起来说道："这倒不必如此，某有一个相识之人，姓孟，名涂。他不但有折狱之才，而且还有一种异术。在那听讼之际，两造曲直如果难分，他只要作起法来，那不直之人或有罪之人，衣上就有血迹发现，证据立刻确凿，无可抵赖，岂不是不怕冤枉么！"夏禹听了，大喜道："果然如此，较獬豸还要好了。獬豸虽能触邪，但究是兽类，且不能说话，人心或者还有些不服。至于衣现血迹，那么真神妙了。这人现在何处？可肯出仕么？”杜业道：“此人居住离京都不远，臣以君命召之，当肯来就职也。”夏禹道：“那么汝去召他来，朕当重用。”杜业稽首受命。当下肉刑议案遂通过了。但是为慎重起见，又定了几条赎刑。犯死罪者，如证据尚差而有怀疑，可以千馔为赎。中罪，五百馔；下罪，二百馔；每一馔合六两。过了几日，孟涂到了，夏禹就叫他做理刑。皋陶之后，刑狱之事总算有继人了。[1]

大禹不仅治理了洪水，发展了生产，使人民安居乐业，更为重要的是，他创建了禹刑，因时制宜地推进从以象刑为常刑到以肉刑为常刑的司法改革，创造了法治国家这一新型的社会政治形态，建构了远古时期德法兼备的法治理念。

① 钟毓龙:《上古神话演义》,杭州:浙江文艺出版社,1985年,第1642—1644页。

法治精神：法纪严明，公正无私

大禹从劈山导淮、大会诸侯，到建立夏朝，功德美名一直流传至今，是我们华夏子孙敬仰万代的先祖。从大禹身上，我们可以领略到他纯洁高尚的道德品质，如正直、刚毅、诚实等，特别是为了除害革弊而勇于斗争、敢于牺牲、艰苦奋斗的美好德行。禹认为应该以德化民："吾为帝统治水土，调民安居，使得其所。今乃罹法如斯，此吾德薄，不能化民证也。"[①]如何更好地担负起这个责任呢？禹认为要"纳言听谏，安民治室，居靡山伐木为邑，画作印，横木为门。调权衡平斗斛，造林示民，以为法度"[②]，实施依法治国的立国理念。

当尧还在世的时候，中原地带水患无边无际，淹没了庄稼，淹没了山陵，人民流离失所，很多人只得背井离乡，水患给人民带来了无边的灾难。在这种情况之下，尧决心要消灭水患，于是禹的父亲鲧作为尧手下的一位治水能手，担负起了治水的重任。鲧治水心切，"偷"息壤"塞堵"治水，九载辛苦，但是，方法不当，治水无状，终致杀身之祸。作为鲧的儿子，大禹是背着一顶黑锅来到世间的。但是，大禹也未因为父亲而心怀怨恨，而是"续鲧之业"继续担负起治水之任。正是因为早年的禹是在一个没有双亲、政治环境极为恶劣的条件下成长起来的，所以，他才会成为一个循规蹈矩、兢兢业业的好后生，法纪严明、公正无私。

严明执法的前提是有法律依据，得立法。怎么立法，民间故事是怎么

① 钟利戡、王清贵辑编：《大禹史料汇集》，成都：巴蜀书社，1991年，第85页。

② 钟利戡、王清贵辑编：《大禹史料汇集》，成都：巴蜀书社，1991年，第86页。

样反映大禹的这种做法的？在黄河流域，河南登封市流传的民间传说《大禹治洪水过家门》就有大禹民主立法的故事：

大禹说："众位既然决心要参加治理洪水，就请大家都说说，对洪水是怎么个治法。"

英雄们反而要求大禹先讲讲自己的治水计划，大禹也不推辞，把自己要采用有疏有堵，疏堵并用，既除水害，又兴水利的计划讲了一遍。最后，恳切要求大家都谈谈个人的想法。

颛龙首先说道："纵观天下地势是西北高东南低，我们应当先从西北入手。每到一地，先查清流向，绘成图样，画出路线，然后动手，使得洪水入河归海。"

大禹点头称赞："这正是先贤玉徯的成功之道。颛龙弟不愧为治水世家。"

伯益建议："欲要兴修水利，就应该开挖渠道，做到涝能排洪，旱能浇地，促使农桑发展。"

众英雄你一言、我一语提出了许多好的办法。

大禹都一一认真听取后，说："各位提了很多好的办法，以后在治理洪水的过程中，我将择优采纳，还请大家再多提些意见。"

伯益建议说："洪水泛滥，处处受害，治服洪水，人人有责。我看保证治理洪水成功，要靠人心齐；要想人心齐，还应当有一个共同执行的刑律。"

大禹说："你父皋陶身为大司理，你当然是刑律世家了，就请你提出一个刑律来。"

伯益说："我父亲一生执法严正，但只有'封功杀过'，太简单了，也太残酷了，它虽然能激励人们奋发进取，但又使人们望而生畏。我看应该改为'赏功罚过'。"

伯益的建议，使大禹深有感触，想到早先若是"赏功罚过"也不至于使我的父亲一犯过错就被杀头。正当大禹思前想后的时候，童律又建议："我看只有'赏功罚过'还不够，应当再加一条'将功折罪'。"

最后大家同意把治水大军的刑律定为：赏功罚过，将功折罪。①

有法可依，有法必依。有法必依就是法纪严明，公正执法。在违纪问题处理上，大禹继承了舜帝的做法。舜帝虽然讲究以德治国，但是在处理违纪违法问题上依然法条高悬，法纪严明。在淮河流域，安徽蚌埠市的涂山地区就流传着这样一个法纪严明的民间传说《大禹斩防风》（该故事与前面所引用的《禹斩防风氏》在故事情节上略有不同）：

传说防风氏原名汪罔，姓漆，是大禹的外甥。他身高力猛，手掌一伸，能将狂风恶浪挡回，因此号称防风。他帮助大禹立过不少功劳。

一次，淮河又发了大水，威胁着两岸人民生命财产。大禹忧心如焚，急忙召集诸侯商议对策，防风氏迟到了，按"禹刑"当斩。诸侯代为求饶，才答应给汪罔一个立功赎罪的机会，叫他火速把淮河挖深，让洪水入槽淌走。

不料防风掂了一把锹后，不久就跑了回来，说："行了！"

诸侯大为诧异。禹问："这么快就把河道疏通了吗？"

防风说："挖个脚面深的沟能要多长时间！"

禹闻言大怒："平治洪水，人命攸关，你竟敢当成儿戏！"

一气之下就把他杀了。

事后，发现遍地洪水果然都很快地退走了。大禹突然醒悟，汪罔是可以变成顶天立地的巨灵，所谓"脚面子"实际深有好几丈。禹抱住"身倒九里地，膀横十三弓"的防风尸体，望着血染淮河上下红的惨状，不禁失声痛哭。悔恨已晚，只有下令将他厚葬在禹会村西北的

① 张振犁编著：《中原神话通鉴》（第四卷），开封：河南大学出版社，2017年，第1137页。

淮河边上。[①]

严明执法的核心在于公正无私地执法。不因是亲戚关系，执法就网开一面，也不因是普通老百姓，法纪就格外严明，执法就格外严厉。无论亲疏，我们都要一碗水端平，追求在法律面前人人平等的原则。大禹就具有这种法纪严明、公正无私的理念，不因是自己的亲外甥就对防风氏和庚辰法外施恩，放任他们逍遥法外，而是公正执法，依律斩首。淮河流域的桐柏山区流传的民间传说《大禹斩将》中就有生动的反映：

太阳神的后代庚辰，在桐柏山水帘洞前的一座山上练习散热发光的本领。这座山，后人称“太阳城”，也有人叫“太阳池”。天下洪水成灾时，庚辰受命跟舅父大禹去各地治水，离开了这里。

大禹率治水大军来太白顶降服无支祁后，就率大军沿淮河出桐柏山了。

治水大军到了大别山，见庚辰没有跟上大队。

大禹料定，庚辰是到太阳城去了。他差一传令兵，去催庚辰离开太阳城，还跟着治水大军。

传令兵没把庚辰叫回军营。大禹又差一将去催，庚辰还是不答应离开桐柏山。

第三次，大禹差童律和乌木久去催。

童律说：“禹王，庚辰是你的外甥，平时他就没把我们放在眼里。这次，我们没有办法他呀！”大禹说：“为啥让乌木久你俩都去呢？该动手就动手，该捆就捆嘛！”

童律和乌木久去到太阳城，庚辰正在加修石寨。南天门和北天门已立在前山和后山。

走进北天门，三人闲聊了几句，庚辰就说：“我到南天门外捉点麻扣鱼款待款待你俩。”庚辰动身就要走出南天门。二人急忙拦住说：

① 郭学东主编：《蚌埠掌故》，合肥：黄山书社，2008年，第436页。

“别去了！”庚辰说：“去！水帘洞里尽是小鱼，麻扣鱼，好逮得很，吃着香着哩！”二人又说：“庚辰兄长，禹王命我们请你回营。要不，咱们都要吃罪呀！”

“我是太阳神的后代，我是禹王的外甥，我是捉拿无支祁的功臣。要拿我问罪呀，打量天下没那个人！”

正说哩，大禹手执宝剑也转来了。他站在山下大喊：“庚辰下山！”

庚辰听到舅王大禹的声音，急忙下山。来到河边，向舅王施了一个礼，说了一声：“舅王！你也是转来叫我吗？”

禹王没有答话。

庚辰说：“舅王，除妖治水我已出过不少力，等有了大水妖，我再回营吧！”

禹王还是没吭气儿。

乌木久说：“庚辰兄，禹王为治水，三过家门就不回呀！”

禹王说：“洪水中百姓还在哭叫，你玩得进去吗！”

“舅王！我能在桐柏山这块宝地安上家，等舅王治理了天下洪水，也好来这里游玩。”

“你留下，中。天下太平了再说。治水中都抢占名山大川，天下洪水还治不治，百姓还救不救？”

“舅王！”庚辰听罢禹王一席话，又说：“舅王，我还是舍不得这里的好景啊！”

大禹皱了皱眉头，咬了咬牙，头动了一下没说话。

庚辰说：“舅王！你狠狠心，留下我吧！”

“再三劝你，你不听；好言说尽你不从。要你这样的人真是我的包袱！”禹王说到这里，庚辰高兴地跪下，说：“谢舅王开恩允口！”

禹王又看了看庚辰，压着心里的火儿，轻声说：“外甥，再不回营治水，我就要问罪了！”

庚辰一听，禹王的话不是开恩的话，像是吓唬自己的话，就“唰”地站了起来：“禹王，你真不留情，算了！看你把太阳神的后代咋发落！反正我不走了！”

禹王抽剑，冲着庚辰说：“那你永远住这里当淮神吧！”庚辰把脸一扭，禹王把剑刺向了庚辰。禹王利剑一拔，一股金黄色的光气向太白顶方向飘去。

禹王斩了外甥，血染了水帘洞河。满河的麻扣鱼都来喝血，喝成了红嘴、红脊、红尾巴。麻扣鱼个子也长不大了，千年百代都是这个样儿。

现在，人们一看到河里这种麻扣鱼，就想起大禹斩将的故事。①

禹通过斩杀庚辰和防风氏，树立了法纪严明的威严。大禹是铁面无私之人，他早已将平息水患当成毕生的大事。也正是因为大禹具有这样不考虑亲戚关系、不徇私情的公正严明，才最后治水成功。可以说，大禹治水成功之日，也就是他在百姓心目中的威望完全树立之时。

今天的大禹已经远远超出了当年治水的大禹。从史书记载以及世代传颂的民间故事来看，大禹具有法律面前人人平等的法治思想，具有法纪严明、公正无私的法治精神。正是因为大禹所具有的法纪严明、公正无私的法治精神产生的巨大影响力和感召力，中华民族才可以借助这种法治传统不断约束和指引人们。

① 张振犁编著:《中原神话通鉴》(第四卷),开封:河南大学出版社,2017年,第1169—1170页。

爱国篇

启母石[1]

启母石，坐落在涂山主峰南坡，俗称“望夫石”，又名“石婆婆”。远远望去，犹如一慈祥的老妪端坐在山崖之上。

相传，大禹与涂山氏女成亲后，第四天便踏上了治水征程。大禹公而忘私，一去十三年之久，三过家门而不入。痴情善良的涂山氏女，怀抱呱呱泣哭的启儿，端坐山崖，盼禹归来。涂山氏女从日出等到日落，又从日落迎来日出，望穿秋水，化成一尊端庄的石像，这就是启母石。

文人骚客登山问古，留下了众多颂扬启母的诗文。明代巡按御史张士隆在《题启母石》诗中云：“亭亭独立向江滨，四伴无人石作邻。云鬓挽成千载髻，蛾眉淡扫四时春。霜为腻粉凭风傅，霞作胭脂仗日匀。莫道岩前无宝镜，一轮明月照精神。”[2]张御史从启母修长的体形和山崖四周怪石嶙峋的环境氛围起笔，以比拟的手法道出了飘动的彩云挽成启母的发髻，迷人的春色衬托着启母的蛾眉，满山的白霜成为她梳妆的脂粉，长空落霞送来了她化妆的胭脂。最为精彩之笔是结尾：莫道山崖前没有梳妆的宝镜，在一轮明月的照耀下，启母难道不比世上任何一位女子都容光焕发，美丽动人？为了支持丈夫治水和培养儿子启，启母风餐露宿，含辛茹苦，耗尽了毕生的精力。《吕氏春秋》载：“禹娶涂山氏女，不以私害公，自辛

① 本故事节选自李焕俭、吴国成编著：《禹会掌故》，合肥：时代出版传媒股份有限公司、黄山书社，2019年，第23—24页。

② 李焕俭、吴国成主编：《涂山搜玉》，合肥：时代出版传媒股份有限公司、黄山书社，2016年，第61页。

至甲四日，复往治水。”[①]《华阳国志·巴志》云：“生子启，呱呱啼，不及视……”[②]

启之所以能成为夏朝的国君，成为推动社会生产力发展的旗手，主要受母亲的教诲和影响。刘向在《列女传》中赞启母“独明教训，及启长”，能“化其德而从其教”，终于使启“卒致令名”，功成名就。

启母作为华夏先民的女性始祖之一，也被民间赋予了母神的力量，数千年来，受到人们的爱戴和尊敬。明大学士宋濂在《游涂荆二山记》中引用庙史：虔诚的涂山民众生怕启母无食而挨饿，带着牛肉、羊肉、猪肉到启母石前祭祀者屡见不鲜。有的还买来脂粉，设法涂擦到启母（石）的脸上。如今，没有人用牛羊猪肉去敬献启母，也没有人给启母涂脂抹粉，然而，在启母石前烧香祝福和祈求送子者仍络绎不绝。启母因此又有了“送子娘娘”的美称。

20世纪80年代，经文物专家初步鉴定，涂山启母石为唐代石雕。20世纪90年代，风雨侵蚀，烈日暴晒，启母石头部、颈部出现裂纹，文化部曾组织人员对其进行了保护性维修。

---

① 钟利戡、王清贵辑编:《大禹史料汇集》,成都:巴蜀书社,1991年,第174页。

② 钟利戡、王清贵辑编:《大禹史料汇集》,成都:巴蜀书社,1991年,第104页。

泥娃娃与台桑石①

泥娃娃又叫涂山泥娃娃，是涂山庙会举行祭祀仪式时纪念大禹治水功绩祈愿求福的特定的泥塑物品。泥娃娃一般用黄泥制作，有20多个制作程序，用红、蓝、黑三色涂成类似不倒翁的团块结构的娃娃形象。泥娃娃脸部不作处理，泥塑线条简洁，色彩淡雅，用笔随意，风格古朴。泥娃娃在市场上很难买到，有求子之需的百姓只能到禹王宫找专职的道长求取，求子者待次年顺利得子后需要把泥娃娃送回禹王宫，并按一定的仪式标准进行还愿，送还的泥娃娃由道长集中销毁，不可二次利用。

涂山泥娃娃与启母祈子的传说有关。大禹与涂山氏成亲之后，在结婚第四天就离开涂山，到外地治水去了。一去十三年，再也没有回家。在启母涂山氏女娇的精心教育下，启茁壮成长，在母亲的辅助下担任涂山部落首领，锻炼才干。后来，启征伐有扈氏取得胜利之后即位，成为开创夏王朝的第一代君王。启母也因对启王的成功教诲受到当地老百姓的尊敬和爱戴。

由于当地老百姓对启母的尊敬和爱戴，所以，在每一年三月二十八日涂山庙会期间，当地老百姓就会来到禹王宫，对着启母像祈愿求福，在启母石的后腰投小石子，希望启母娘娘能够给他们带来添子添孙的福气。据说，已婚未育的女子投中小石子，很快就会怀孕。后来，禹王宫根据这个民俗，给每个在启母像前面烧香拜佛祈求送子的善男善女分发他们制作的

①“泥娃娃”的相关内容选自胡飞:《蚌埠涂山庙会 “泥娃娃”的艺术特征及其民俗现象研究》,《雕塑》,2008年,第6期,第56—57页。

泥娃娃。后来，这也就慢慢变成了涂山庙会的一个民俗。

传说禹王宫的泥娃娃最灵，抱回家就怀孕生娃。庙会日在禹王宫焚香许愿，祈求大禹、启母或送子娘娘赐一红布（纸）包着的泥娃娃，系上红绳，抱回家中，置于床下，祈盼神灵赐福，早生贵子。所以，丈夫给妻子求子，妻子自己登山求子，公婆、祖公婆给儿媳、孙媳求子，亲友给亲友抱泥娃娃求子的做法也日渐成为风气①。

台桑，俗称“台桑石”，位于安徽省蚌埠市涂山主峰南坡的朝禹路旁。“台”在古汉语中，与“怡”相通，此处读“怡”音。传说，台桑是4200多年前涂山氏女与大禹婚配后生下儿子启的地方。屈原《楚辞·天问》曰：“焉得彼涂山女而通之于台桑？”指的就是这里。台桑是涂山景区著名人文景观。我国著名史学家、古文字学家顾廷龙曾经用篆书题写了“启所生处”。我国著名的文学家、教育家和社会活动家季羡林题写的“台桑”碑，立在台桑石旁②。

---

① 参见曹天生、朱光耀主编:《淮河文化导论》,合肥:合肥工业大学出版社,2011年,第96页。

② 参见郭学东主编:《蚌埠掌故》,合肥:黄山书社,2008年,第37页。

淮河与锁龙井

淮河是中国地理上的南北分界线之一，它起源于河南桐柏山，流经河南、安徽和江苏，支流覆盖山东。淮河流域北至山东泰安、河南郑州地区，泰山将黄河和淮河的水系隔离开来；西至河南登封、平顶山和信阳地区，嵩山和桐柏山以东区域；南至安徽六安和合肥、江苏扬州和海安，巢湖、高邮湖以北区域；东至山东日照市、江苏连云港，东海以西区域。淮河流域包括干流水系、沂沭泗水系、运河故黄河水系和滨海四港灌河水系这四大水系。淮河流域从西向东分为上、中、下游：上游从河南桐柏山源头开始，至安徽洪河口（王家坝）止，主要支流有洪河、汝水等；中游从安徽洪河口（王家坝）开始，至江苏洪泽湖出口处止，主要支流有颍水、西淝河、涡河、茨河、漴潼河、浍河、沱河、汴河、茨淮新河、怀洪新河等；下游从江苏洪泽湖出口处开始，至江苏扁担港入海口止，主要河流包括沂沭泗水、运河、故黄河、四港、灌河等。

锁龙井，也叫锁蛟井，是大禹治水神话故事里的一个实物意象，反映人们数千年的治水理想，是中华文化里的一个重要元素。

最早的神话传说是禹王锁蛟龙，与之相关的锁龙井主要有河南桐柏山桐柏县的玉井龙渊、江苏淮阴龟山支祁井、河南禹州的禹王锁蛟井、山东济南市的舜井、重庆市巫山县锁龙村的锁龙柱等。

禹王锁蛟井，位于禹州市区，禹王庙山门之外，古钧台街路东，据说就是当年大禹治水缚锁蛟龙的遗迹。禹王锁蛟井是禹县人民政府在1984年于原址稍东处重新修建的。井上建有一仿古亭阁，歇山磨角，上覆琉璃瓦，前面四根明柱，八扇透雕门窗。门额上刻着“禹王锁蛟井”五个大字。殿内正中塑有禹王立像一尊，右手摁住蛟头，左手紧握铁链，一副威武气概。像前有深井一口，以巨石掩盖。石上穿有铁锁链一条，以示井内缚有蛟龙。移开井盖，则见井内有水，水中有一石雕蛟龙，仰面朝天，似欲出之状。观者见之，无不缅怀大禹万苦不辞、为民造福、治服洪水的伟大功绩。禹王锁蛟井占地约6000平方米，除主体景观外，周围还有绿树、花丛点缀，曲径通幽，布局巧妙。现为市级重点文物保护单位。

“据说古代的洪水灾害，主要是由于蛟龙作怪，它有呼风唤雨的本领，行走带着洪水，走多高就能把水带多高。人们所受其害久矣，多亏大禹在治水时，大施法力，捉住了这条蛟龙，水害才得以平息。后来，大禹就用大型铁锁把蛟牢牢锁在自己都城之内的深井中，使它永远不得再出来兴风作浪为害人类。因此自夏代至今的数千年来，我国没有再发生那种‘洪水横流，泛滥于天下’的骇人水灾，主要全赖禹王锁蛟之功。”①

① 张振犁编著：《中原神话通鉴》（第四卷），开封：河南大学出版社，2017年，第1094页。

三过家门而不入①

大禹在治水实践中，找到了导水入海的科学方法后，率领广大黎民百姓，越干越来劲了！

也许是灾民被那洪水害得够苦了，也许是大禹以身作则的精神鼓舞了他们，老百姓干活可卖力气啊！只见挖的挖、挑的挑、背的背……整个工地一派热火朝天。大禹目睹此情此景，备受感动。一天，他疾走几步，抢过一老汉手中的工具，和蔼地说："老伯，你太累了，歇一歇吧！"说完，便埋头挖起土来。老汉看到周围的人对他很尊敬，料他是个治水的官，慌忙连声说"使不得，使不得"，便来夺工具。大禹的随从人员拦住了他，还告诉说："他就是大禹，你是拗不过他的，还是休息一下吧！"老汉喘着气，喃喃地说："有这样的人带着我们治水，还怕不成功吗？"

大禹一心治水，以致年过三十尚未成亲。后来，在涂山与一位名叫女娇的姑娘结了婚。可是为了治水，婚后第四天，就与心爱的妻子依依惜别。

大禹离家后，女娇非常思念他，经常抱着儿子到山坡上去眺望，渴望朝思暮想的丈夫向自己走来。她等呀等，望呀望……有一天，她远远地望见一队人马向她走来，等走近了一看，有一人果然是大禹。可大禹已完全改变了模样，他头戴破帽，面黄肌瘦，握着他的手感到满手都是硬茧。女娇又喜欢又心疼地要拉大禹往家里去，她多想让丈夫休息一会儿，哪怕是

① 本故事节选自绍兴市区社区教育委员会、绍兴市教育委员会编:《大禹传说故事选》,绍兴:绍兴市区社区教育委员会、绍兴市教育委员会编印,1995年,第24—25页。

一个小时，几分钟呀！大禹虽然心里很感谢贤妻的好意，但还是摆摆手，对女娇说：“洪水还没治服，百姓还在受难，我哪里有歇脚的时间呀！”说着，俯下身去亲了亲儿子的脸蛋，嘱托了妻子几句，头也不回地带着助手向前走去。

后面，传来了启“爸爸、爸爸”的啼哭声，禹不由得停住了脚步，也把一行人的心给揪住了。平时执法如山的皋陶，红着眼圈对大禹说：“禹君，算我替女娇求您，您这就回家，哪怕是跨一跨门槛吧！”

禹没有正面作答，他指着前方说：“听听洪水的咆哮声吧！听听难民的呼救声吧！”至此，劝他、求他的人还能说什么呢？一行人继续向前走去，荒山遮住了女娇的身影，涛声淹没了启的哭喊声……

就这样，一年、两年、三年……八年，大禹为了治理洪水，含辛茹苦，长年奔波于黄河、长江流域一带。相传，其间三次路过家门口，但一次也没有进去。从此，后人便留下了大禹“三过家门而不入”的千古佳话！

鲧禹治水①

尧的时候，有个恶神共工，他的部下相柳，也很凶恶，有九个头，人面蛇身，青灰色，盘踞九土，作恶多端。他喷一口气，地上就变成大湖，洪水泛滥，滔天横流。地上除了露在水面的一些山头，平原丘陵都被水淹了，房屋沉到水底，人们被逼上山顶、大树，在山洞铺草为炕，在树杈搭巢当家。就这还挡不住禽兽伤人，龙蛇作祸，人民叫苦连天。

当时尧为天帝，知道了民间疾苦，他说："喂，四大山神，汤汤洪水，正在为害，浩浩荡荡，包围山陵，广大人民在怨恨。谁能治理洪水？"四大山神想了想，异口同声说："啊，鲧可以吧！"天帝说："好，叫他去吧。他要违命，我便罚他！"四大山神皱皱眉头说："试试看吧。"天帝说："告诉他，小心做吧！"

四大山神马上传达天帝的命令，叫鲧治水。

鲧望着滔天的洪水，怎么治呢？一只猫头鹰飞来，叫道："高地垫低地，洪水流不去。哈哈哈……"一只乌龟游过来，叫道："屯土填百川，把水堵成潭。哼哼哼……"鲧听了，目送它们而去："对，就这么办！"

鲧领着人们到处壅塞百川，铲平高地，筑起堤坝，挡住洪水。可是水很大，挡住这里，又冲开那里。辛辛苦苦治了九年，洪水还是到处泛滥。有的人便失去了信心，也就不愿再帮助他。

鲧以为是地上的土不好，听说天上的"息壤"能随着水涨堤高，不经

① 本故事节选自张振犁编著：《中原神话通鉴》(第四卷)，开封：河南大学出版社，2017年，第1110—1113页。

天帝的同意，就偷了来筑堤挡水。果然，真灵，水涨堤高，高高的堤坝挡住了洪水。但这事却被天帝知道了，他派了人面兽身的火神祝融，乘驾两条火龙，飞到羽山上空，见鲧正用天土筑堤，大吼一声，一个炸雷，尾巴一甩，一道火闪，把鲧殛死在羽山之下。

鲧死了，洪水更加泛滥。"哗哗——，哗哗——！"浪涛不断地卷来，拍打着岸边的岩石，冲刷着他的尸体。鲧死了，眼却不闭，尸体三年也不腐烂。有人用吴刀剖开他的肚子，肚子里却生出一个壮壮实实的禹来。鲧变成了一条黄龙（一说是黄熊，一说是三脚鳖），随着浪涛跃入洪水，潜沉到深深的水底。

禹一站起来，就是个魁梧的大汉，身高八九尺，虎鼻，熊腰，齿并齿，鸟嘴，耳有三洞，人称大禹。

大禹目送父亲变龙顺水而去，很为他治水的失败而痛心。他决心继承父业，但要改变治水的方法。他沿着山崖水岸到处察看地势水情，研究开河凿渠疏导洪水的办法。他把这办法向人们一说，大家都说："好！"便都主动地和他一起来干。

大禹拿着櫜耜耒锸，领着人们劈山凿石，决心疏通天下河川，使洪水流入江河，使江河流入大海。他干哪干哪，使尽了浑身的力气，他铲哪挖呀，疏通这里，又到那里。

一天，他治水到了涂山，遇到一个美貌的女子。因为忙着治水，他没有停留，便匆匆巡行南上。涂山女见禹一心治水的忙碌样子，认定他是个英雄，对他投去仰慕的目光，并派人到涂山的南坡去等禹，自己作歌唱道：

"滔滔的洪水呀，快流入千河万渠。治水的英雄啊，我在等你盼你！啊……"

禹三十岁了，还没娶妻。他正弯着腰掘土，听到歌声，知是涂山女唱的。看看天色已晚，又要在涂山风餐露宿，心里高兴，应道：

"滔滔的洪水呀，要归千江万河。我要娶妻子呵，可有人愿意嫁给我？啊……"

于是，有九尾白狐来找禹说亲，说涂山女叫女娇，很仰慕禹的品质，愿意嫁给禹。大禹、女娇便来到山洞，举行了简单的婚礼。

他们结婚的第四天，大禹又拿起橐耜耒锸治水去了。临行，女娇送出门外，含着眼泪说："在外要注意身体，有空多回来看我。"大禹笑笑说："那当然，等我治平了洪水，一定回来看你。"女娇的眼泪在眼眶里滚了几滚，但她没有让它流出来，她扬手送丈夫奔上征途。很远了，大禹又转过身来，摆手要女娇回去，并说："你如果想给我送饭，一定听到鼓声。"女娇"嗯嗯"地应着，久久地目送着远去的丈夫，直到不见。

大禹出外治水，重活脏活抢着干，哪里艰苦哪里去。他铲土凿石，手上磨掉了指甲，脚底打满了血泡，腿上磨去了毫毛，肩背生成了老茧。他不肯休息，忘我劳动，成了大家的表率。但是，他积劳成疾，生了偏枯之病，脸上又黑又瘦，嘴尖颈细。走路时，左脚迈不过右脚，右脚越不过左脚，只能前腿拖着后腿一步步地走，人称为"禹步"。但他仍旧带领人们战斗在风雨里、山水间。人们说："他真是人民的好公仆，他为人民受尽了劳苦。"

一晃，十年过去了。十年，三千六百个日日夜夜，禹没有见着自己的妻子。他不想念吗？想，但一心为治理洪水，这种思想压过了对妻子的想念。他一次都没有回家吗？没有。十年中，他三次路过家门口，都顾不得拐进去看看。

妻子女娇不想念他吗？想。她无时无刻不在想念着自己的丈夫，为他的工作分心，为他的衣食操劳。她没明没夜地赶做冬衣夏衫，储备食品，等他回来，盼他到家。可是这三千六百天呵，天天她都落空。她想起丈夫说的"送饭"，就到处打听他的下落。一天，她听说丈夫正领着人们在嵩山劈凿轘辕关，便备了饭菜，提起篮子去送饭。她走呵走呵，踏过河水，浪涛打湿她的衣裙；她跨过高山，荆棘刺破她的双脚。她不哭，也不退缩。走一程，盼一程，来到嵩山南坡，来到轘辕山上。果然看见好多人都在劈山，工具在挥舞，土石在翻飞。"咕咚咚咚"鼓声响了，她想起丈夫离别时的话，提着饭篮就向人群走去。她找不到丈夫，却见一只力大无比的黑熊正在使出全身的力气凿石推土，开挖河道。“咕咚咚咚”，又一阵鼓响，原来是“黑熊”躬腰蹬腿伸掌挖土时，把山石推翻，石头顺着山坡往下滚，掉在鼓上把鼓砸响了。听人说，那就是大禹。女娇大吃一惊，一时不知如何是好，又羞惭又气恼，撇下饭篮急忙往回跑。“黑熊”回头一看，是女娇，自己的妻子，拔腿去撵。当撵到嵩山万岁峰下将要伸手拉住她的时候，女娇一阵眩晕，站住了。她变成一块巨石。大禹忽然想到自己不该瞒着妻子变成熊，而且又来撵她，他赶紧变成原来的样子，拍着石头说：“我是禹呀，女娇！”可是他再也喊不应了。他前后左右地细看，还是一块伟岸的巨石，他只得求告：“把儿子还给我吧。”巨石真的从北方破裂，生出一个启来。后人称这巨石叫启母石。

大禹把儿子送回家，交给女娇的妹妹女姚养着，他还是照样去治水。听到启儿哇哇的哭声，他也没有工夫回家去抱抱自己的儿子。他一心一意地领大伙开山造河，治理洪水。他的行动感动了天地，有个有翅能飞的应龙便来帮他治水。应龙飞起来，用尾巴划地，地上便出现了深沟，洪水流入沟里，形成了条条江河。禹在治水时遇见了九头蛇身的相柳，知道他是洪水的祸首，便发动大伙杀死了他，把他流在地上腥臭的血土挖掉，地上便出现了湖泊，湖河的岸边都长满了庄稼。

又三年过去了，洪水治服了，地上的洪水入江河，江河的洪水入大海，使鸟兽龙蛇不能为害，人民都到陆地上来生活。大禹受到人民的拥护，受到天帝的赏赐。

奉献精神：舍家为国，公而忘私

大禹治水，历尽千辛万苦，全身心地投入这项为民造福的事业，对中国第一个世袭制王朝的开创起到了举足轻重的作用。在社会的需要与个人的情感发生冲突时，他毅然服从社会或事业的需要，做到大公无私，并以自己的道德行为作出示范。大禹为国定法，严明法度，哪怕近亲犯罪，也以国家和集体的利益为重，绝不徇私。这种以国家集体利益为重，舍小家顾大家的伟大精神就是中华民族伟大民族精神的最早原型。

在很多时候，精神主要体现在每一个人怎么样处理集体与个人、国家与家庭的关系上。在集体层面体现出的精神就是集体主义，在个人层面体现出的精神就是个人主义，在国家层面体现出的精神就是天下为公的爱国精神。在国家与家庭的关系处理上，立足于家庭的角度来看，爱国精神就是舍家为国、公而忘私的奉献精神；在个人与集体、国家与家庭的矛盾关系上，爱国精神就是不计私情、大公无私的担当精神；立足于国家的角度来看，爱国精神就是天下为公、为民谋福的集体精神。大禹的爱国精神含义丰富，主要体现在奉献精神、担当精神和集体精神上。

大禹的舍家为国、公而忘私的精神主要体现在“三过家门而不入”。在国家和家庭的关系上，大禹把治水事业看得重于家庭责任，为了治水，他完全以公事为重，绝不因私废公，把赡养母亲、关爱妻子和哺育儿子的责任全部置于一边，这种舍家为国、公而忘私的奉献精神在民间传说中就有体现。河南偃师县就流传有《启母还阳》：

轘辕关下，有个还阳镇。传说启的母亲涂山氏就是在这里还阳的。

禹治水十三年，平息了天下洪水，被推举为王，建都在阳城。这时候，四海升平，五谷丰登，百姓安居乐业。禹王高高兴兴地管理着国家大事。只有一件事常常使他伤心苦恼。啥事呢？他与涂山氏成亲以后，整年累月不在家，曾经三过家门，也没到屋里探望一下，夫妻没有安安生生地团聚过几天。特别是为打通轘辕关，他化作黑熊，害得涂山氏化为石头，一命归天。一想到这些，他觉得愧对了妻子，心里十分难受。

禹的儿子启呢？他懂事以后，听父亲讲，在他出生之前，母亲已化为石头死去。他知道了这些，经常跑到化为石头的母亲面前，千呼万唤，痛哭不止。哭够喊够了，一个人迷迷糊糊地漫山遍野去游荡。

一天，启又到他化为石头的母亲面前哭叫了一阵后，不知不觉来到了轘辕关下，往一座山神庙门口一躺，便睡着了。这时候，他朦朦胧胧地听到“启儿！启儿！”的喊声。启睁眼一看，面前站个女子，长相、穿戴和他父亲对他讲的母亲生前的模样没有差别。启很惊奇，忙站起来。那女子又说：“启儿！我就是你的母亲。”

这是咋回事呢？中岳大帝知道治水有功的禹王思念贤妻，可怜的启儿思念母亲，他十分同情，便启奏玉皇大帝让涂山氏还阳，使其全家团聚。玉皇大帝准奏。于是，涂山氏从天而降。她见启儿睡在山神庙前，便把启从梦中唤醒。

启望着母亲半信半疑，不敢相认。这时禹王恰好赶到。因为启出门后，禹王不放心，便跟踪找来了。禹看见涂山氏也大吃一惊。涂山氏对禹王说：“中岳大帝为你们父子的思念之心感动了。他启奏玉帝，让我还阳和你们重新团聚！”禹王一听，热泪滚滚，忙叫启儿与他母亲相认。

涂山氏还阳的地方后来形成了镇子，就叫还阳镇。[①]

① 张振犁编著：《中原神话通鉴》（第四卷），开封：河南大学出版社，2017年，第1032—1033页。

这个神话故事让失去的天伦之乐通过幻想的形式进行补偿，目的是间接反衬大禹舍家为国、公而忘私的奉献精神。在治水成功之后，本该像其他老百姓一样可以享受的家庭天伦之乐却没有实现，只能在梦中幻想。

当然，老百姓还会直接讲述大禹舍家为国、公而忘私的牺牲奉献精神。最经典的莫过于“三过家门而不入”的故事。为了治水事业，为了天下百姓的安居乐业，为了国家的大局利益，大禹放弃了自己的天伦之乐，将盼望儿子回家的母亲、思念丈夫到心碎的妻子和嗷嗷待育的儿子放置到一边，“咬定青山不放松”，为着治水大业，坚定理想信念，“三过家门而不入”，其舍家为国、公而忘私的牺牲奉献精神感天动地。“三过家门而不入”的民间故事随着大禹足迹走遍全国，不仅在长江流域流传，在黄河流域也很常见。

国家和家庭，这是我们都要面对的关系；个人与集体，这是我们必须要处理的难题。怎么样对待这两对关系，怎么样处理这两对矛盾，折射出每一个人的思想境界和道德修养。在处理这两对关系上，大禹就为我们每一个人树立了榜样，他舍家为国、公而忘私的奉献精神将永远铭记在老百姓心中。

奋斗传统：子承父志，三代为国

“华夏”从上古众多氏族部落中的一分子逐渐成为整个中华民族的象征，这势必与国家形态的政治架构密不可分。国家形态的形成延续又必须以相对稳定的制度来保证，以血缘关系为纽带的“世袭制”便应运而生。世袭制的第一个王朝——夏，也是第一次让中国进入阶级社会。这一具有划时代意义的伟大壮举，与鲧、禹、启祖孙三代的共同努力密不可分。

国家的确立最重要的就是要有走在时代前列、能够引领普通老百姓的领袖人物，必须以领袖人物为核心营造万众归心的社会创造力量。在远古时代，营造这种社会创造力量，与当时的领袖人物鲧、禹父子领导的治水工程密不可分，也与他们战天斗地、不惧牺牲的奋斗精神和传统分不开。历史以大禹治水来命名这次重大治水工程，事实上崇伯鲧也有着特殊的治水贡献。民间神话传说《滚土堆》就对崇伯鲧治水贡献进行了肯定：

禹王的爹叫鲧，鲧在玉皇大帝驾下当天官。一天，玉皇大帝在王母娘娘那儿多喝了几杯，就在蟠桃园里偷撒了泡尿。这下地上可遭了灾，发了大水。人都没法过了，到处都是水。

鲧就向玉皇大帝进言，要治住下面的水，不然就没有人了，谁还向天庭上贡？玉皇大帝就问用什么法子，鲧说必须用国库里的息壤，这是一种宝土，见风就长，能把水挡住。玉皇大帝一听要用他的宝贝，就不答应了。鲧不愿看到黎民百姓就这样都淹死，就偷了息壤，下凡来治水。

看看把洪水平息了，玉皇大帝发觉了这事，派天兵天将来拿鲧，鲧正好来到咱这里。咱这里地洼，淹的最厉害。鲧正要用息壤把这里填平，天兵天将来了。鲧就把那块息壤向他们砸去，没砸着，一会儿就长成了一个土堌堆。但没扔在最洼的地方，那儿就成了湖，也就是今天的南阳湖。鲧没砸着天兵天将，就跑了。天兵天将一直把他撵到天边上，把他杀了。鲧现出原身，是只大黄龙。

鲧虽然死了，身体却还好好的，跟活的一样。过了三年，突然大吼一声，从黄龙肚里飞出一条小龙，这就是禹王。

禹王有他爹鲧的神力，继续治水，挖通了黄河，洪水也就平了。禹王治水有功，当了皇帝。为了让人们记住他爹鲧，就把这个土堌堆叫鲧土。鲧字认识的少，也就念成了"滚"。

年代久了，刮风下雨，土不停地往下滚，滚土堆也就越来越小了。①

崇伯鲧治水积累了许多经验，这些经验不一定都是负面的，关键是要看怎么运用。但是，为了与大禹治水的疏导之法做区别，也为了突出大禹治水的成功与科学，许多历史记载和民间传说都是用否定的观点讲述崇伯鲧治水。《山海经》就是这样记载的："洪水滔天。鲧窃帝之息壤以堙洪水，不待帝命。帝令祝融杀鲧于羽郊。鲧复生禹。帝乃命禹卒布土以定九州。"②上文的民间神话《滚土堆》以肯定的态度讲述崇伯鲧治水还是比较难能可贵的。

其实，崇伯鲧也是远古时期的文明创造者。文献记载，鲧是中国历史上造城郭的第一人。《吕氏春秋·君守》有："夏鲧作城。"③《淮南子·原道训》更是给出鲧作城池的高度："昔者夏鲧作三仞之城。"④这种对城

① 张振犁编著:《中原神话通鉴》(第四卷),开封:河南大学出版社,2017年,第1080页。

② 袁珂译注:《山海经全译》,北京:北京联合出版公司,2016年,第289页。

③ 钟利戡、王清贵辑编:《大禹史料汇集》,成都:巴蜀书社,1991年,第155页。

④ 陈广忠译注:《淮南子》,北京:中华书局,2012年,第13页。

郭的创造也为后来国家形态的建立起到了奠基性作用。尽管崇伯鲧治水最终以失败告终，但他仍是一位可歌可泣的英雄人物。他为拯救黎民，敢冒天下之大不韪盗取息壤，将个人生死置之度外，以自己的生命为禹积攒下了宝贵的治水经验。大禹正是在借鉴父亲治水的经验基础之上，沿着父亲治水的道路奋勇拼搏，奋斗不止，成功开辟了中国水利事业上的丰功伟绩。

大禹治水面对最多的困难就是与水怪作斗争，这也最能够反映大禹面对困难毫不退缩的斗争精神。大禹锁蛟龙是与水怪作斗争最为著名的大禹治水故事，当然，大禹锁淮河水怪无支祁也是大禹锁蛟龙的故事变体。据说，这个水怪故事还是《西游记》中孙悟空的原型。民间传说《大禹治水和淮河水怪》是这样讲述这个淮河水怪的：

原来，淮河源头有个水怪，人不人，猴不猴，经常乘下雨的时候出来为非作歹。这水怪站在淮河源头，张开血盆大口，吐出滔滔水柱，搅得天昏地暗，淮河就泛滥成灾，它乘机吞食落水的人们。大禹知道后非常恼怒，就把这水怪捉住，在淮河源边挖了一眼深井，下通海眼，取名淮井；又用神铁造了一条铁链，把水怪锁牢，放入井内，一头拴在井边竖立的铁柱上。大禹指着井边铁柱对水怪说："要想出井，必得井边这铁柱开花。"当然，铁柱永远不会开花。数千年来，这水怪也一直没能出井。[①]

在治水期间，大禹不仅像父鲧一样善于培养儿子夏启开荒种地的农业管理能力，而且还善于将夏启的这种能力有意识地展示给各路诸侯。在民间，老百姓对夏启继承大禹王位是持肯定意见的，如民间传说《星星草》：

人们都知道，古代的王位不是世袭的，是一代一代选贤任能的禅

① 张振犁编著：《中原神话通鉴》（第四卷），开封：河南大学出版社，2017年，第1171页。

让制。尧把王位让给了舜，舜把王位让给了治洪水有功的禹。

大禹得了王位后，常领着人们狩猎种田，和他的臣民一起过着康乐的生活。后来，禹的年纪大了，身体也不行了，想挑选一个继承人。他的臣民们在他的带领下，过着安宁无灾、太平盛世的生活，没有显露贤能的机会，不像他在与洪水搏斗的风浪中出类拔萃能一眼看出。为了挑选一个贤能的人继承王位，他愁得白了头。后来，他终于想出了一个测试王位继承人的法子。

那天，禹把他的臣民召集在地坛（祭祀的土台子）周围，他在地坛上照着北斗星辰的模样栽了七墩草，上面放了一把勺子，又把自己的领子和袖子撕下放上，然后意味深长地问众人："尧把王位传给舜，舜把王位传给了我。如今，我老了，不行了，也到了让位的时候。今天，我把大伙召集来，也就是要选贤任能把王位让出。咱们由东向西，一个一个地走过地坛，说出地坛所放物件的意思。倘若众人赞成谁说得好，我就把王位让给谁。"

禹王说罢，就让众人由东向西穿坛而过。众人望着地坛上的物件，谁也猜不出是啥意思，都摇着头走下坛去。最后一个上来的人是禹王的儿子启。启望着地坛上的东西略思片刻，指着唱道："星星草，比北斗，一把勺子有稀稠。领出头，袖出手，打虎走前头，翻土先伸手。"他唱罢走下地坛，众人领悟，拍手叫好。

禹王脸上的愁云没有了，笑眯眯地说："启说对了，启说对了。我在这地坛上种的七墩草正是比着北斗星座所种。斗转一周，为之一年。北斗星辰好比一把勺子，一把勺子有稀稠啊！身在王位的人，也就是掌勺把的人。掌勺把的人应该夜夜晚晚仰望北斗扪心自问：'猎物上有没有我的箭？耕出的地上有没有我的汗？这一年中我领着大伙是不是都吃饱了肚子？'"

启虽然猜透了禹王的心思，但是禹王对儿子还不放心，就给儿子一部分人，让他带着那部分人去开辟一个荒地方。启去到那个荒地方先种了七墩星星草以铭父训，然后领着人开荒翻土，种禾植桑，年年都是五谷丰登。禹王去那地方视察过几次，对儿子的作为非常满意，就把王位让给了儿子。后人有说禹王自私，把王位传给了他的儿子。其实不然，有星星草为证，至今人们还称北斗星为勺星。要说自私嘛，那是启，启后来不加选择的把王位传给了他的子孙。[①]

鲧禹治水，两代艰辛。治水成功，两代努力。鲧禹治水取得成功，这是建立夏王朝的前提条件。禹继承鲧的治水事业，开创了创业奋斗的良好传统。禹王登基之后，其儿子夏启自然没有了治水这样的伟业可继承，但是，打江山难，守江山更难。怎样继承禹王的帝王事业，夏启同样需要具备鲧禹两代的奋斗传统，同样需要具备父辈一样的智慧、能力、品德和思想。否则，一个庸庸碌碌之辈如何打破王位的禅让制度，并能顺利登基驾驭九州万方？夏启即位后同样面临政敌的反抗，他也是在征伐有扈氏胜利之后才最终登上王位的。

① 张振犁编著:《中原神话通鉴》(第四卷)，开封:河南大学出版社，2017年，第1109—1110页。

爱国精神：为民谋福，天下为公

没有爱国的精神和高尚的品格，一个民族不可能自立于世界民族之林。在5000多年的发展历史中，中华民族形成了以爱国主义为核心的团结统一、爱好和平、勤劳勇敢、自强不息的伟大民族精神。其最早的原初叙事，就是大禹治水的传说故事。大禹忧国忧民，为民谋福，以天下为重，“天下为公”为其人生信条。立足于国家的角度来看，爱国精神就是为民谋福、大公无私的集体精神，就是不计私情、勇担责任的担当精神。

树立这样的爱国精神，就需要我们摆正国家与家庭的关系，正确处理好大公和小私的关系，科学处理好集体和个人的关系。大禹就是能够处理好这三种关系的伟人，大禹神话就是以大禹为民谋福、大公无私的爱国精神为主题来讲述大禹治水的故事的。

大禹的爱国精神首先是为民谋福，大公无私。在个人利益和集体利益相冲突时，大禹把老百姓的利益放在前面，为老百姓的利益付出，为民谋福，这种为民谋福、大公无私的爱国精神在大禹治水神话故事中最好的体现就是黄河流域的民间传说《三过家门而不入》。

它主要突出的是大禹治水与家庭责任之间的矛盾，反映的是家事与国事之间的关系。而在大禹的一生中，杀父之仇与大禹治水之间的矛盾也是相当突出的，但是，大禹却以国家大义为重，不计杀父之仇，勇于承担治水责任，这体现的也是一种不计私仇、勇担责任的爱国精神。黄河流域的大禹神话故事《负黍厅对》就很好地讲述了大禹治水不计前仇、勇担责任的担当精神：

大司理皋陶问道："文命，你知道你父是为什么被杀的？"

文命答辩道："是治水失败，给百姓们造成了更大灾害。"

"现在你又来治水，成功则可，如果再失败了呢？"皋陶又进一步问道。

文命悲愤地答道："司理大人，这些我都想到过，但是，为了子孙后代，我们应当前赴后继。我自信有了先辈的经验教训，治水一定能够成功的。当然，话也不能说得太绝，如果我最后真是失败了，大不了也被你们司理衙门判罪杀头。如果我们后人都贪生怕死，不敢再去同洪水搏斗，难道能让洪水永永远远泛滥下去吗！"

文命的答辩，说得皋陶无言以对，舜王再三询问大臣们谁还有话说，负黍厅上鸦雀无声，再也没人提出什么了。

舜王说："文命，你的答辩完全有理，只要你能按照人所说的去做，一定能够成功。现在我就封你为夏伯禹，统领天下治水大军。等你大功告成，我再回封赏。"

文命赶紧给舜王叩头谢恩。①

在大禹治水之前，作为鲧禹父子的上级，舜最担心的就是禹是否会因父亲治水被杀而对治水心生忌惮。但是，大禹不记私仇，能够正确认识到为大公抛掉小私的道理。继承父亲的遗志，抛弃个人私仇与恩怨，为天下百姓治平洪水，这就是大禹不计私情、勇担责任的爱国精神。

在地平天成以后，作为天下共主的大禹对治水过程做了深刻的总结。在规模浩大的治水工程中，他最真切地感受到人民群众的伟大力量，从而形成了以"敬民、养民、教民、护民"为主要内容的"民本"思想。他经常对左右大臣们说：在位者应该端正自己的品德，以身作则影响老百姓；要树立勤俭节约的观念，将结余的财物用来为民谋福；要轻徭薄赋，不耽

① 张振犁编著：《中原神话通鉴》（第四卷），开封：河南大学出版社，2017年，第1135—1136页。

误农民的耕作，以便让老百姓丰衣足食；要重视教化，使人与人之间、邦国与邦国之间、民族与民族之间和睦相处，紧密团结，即“德惟善政，政在养民。水火金木土谷，惟修；正德、利用、厚生，惟和”[①]。

正是因为大禹具有这种“德惟善政，政在养民”的民本思想，所以他才会把老百姓的疾苦放在心上，把老百姓的幸福放在心头。这一点也就塑造了大禹为民谋福、忧国忧民的爱国精神。如果没有实现这种为民谋福的“养民”责任，大禹甚至会深深自责。在长江流域，流传着一则反映大禹自责的故事《下车泣罪》：

> 刚刚回车，忽见市上簇拥着一大堆人，夏禹不知何事，忙饬左右前去探问。左右回来报告，那边正在杀一个有罪之人呢。夏禹听了，心中老大不忍，即忙下车，步行过去，直入人丛之中，抚着那罪人之背问道：“你为什么要犯到这种死罪呢?”那罪人知道是夏禹，以为天子怜恤他，亲来抚问，一定有赦免之希望了，便仰面求赦。夏禹又问道：“你究竟犯的什么罪?”那人迟疑一会，说道：“是打死了人。”这时典刑之官亦立在旁边。夏禹便问：“证据确凿么?”那典刑官道：“确凿之至，一无疑义。”夏禹道：“那么无可宥免!”即立着看犯人斩首。斩首之后，夏禹看着那尸首，不禁纷纷泪下。左右之人问道：“这罪人证据确凿，罪应该死，我王又可惜他做什么?”夏禹道：“民之犯法，不是由于失养，就是由于失教。教养两项的权柄操之于君主。犯法是犯人的罪，失教失养而使他们至于犯法，又是哪个之罪呢?古人所谓‘万方有罪，罪在朕躬’，就是指此而言。寡人听见古人说：‘天下有道，民不离幸；天下无道，罪及善人。’尧舜之民，人人能以尧舜之心为心，所以犯法者绝少。现在寡人为君，百姓各自以其心为心，所以犯法的人多。今朝这个人的斩首虽则咎由自取，然而推原其始，未必不是寡人害他的，所以不能不伤感他、矜恤他了。”这时四面百姓听

① 王世舜、王翠叶译注:《尚书》,北京:中华书局,2012年,第355页。

了，无不感诵夏禹仁德。[1]

综上所述，爱国精神不是空洞的主义，而是体现在我们的言行举止中的一种观念和态度。大禹的爱国精神就是以大禹治水的行动体现出的一种家国情怀，是一种处理公私关系的理念。大禹足迹踏遍长江、淮河和黄河流域，治水神话广泛分布于河南、安徽、浙江等地，这充分说明了大禹的家国情怀故事并非一家一地之言，而是中华民族的精神共识。无论是历史记录，还是民间故事，大禹为民谋福、天下为公的爱国精神都是叙事的重要主题。

大禹是中华民族历史上的一座丰碑，历经数千年而巍然屹立，令中华民族永远自豪！大禹治水的伟大壮举是造福先民的有力手段，又为后代保全了生存的土地，留下一段段可歌可泣的史诗，其背后的伟大爱国精神更是4000多年来中华民族精神的源泉。

昨天，大禹留给了我们为民谋福、天下为公的爱国精神，成为中华民族精神形成和发展的历史源泉！

今天，大禹是我们为民谋福、天下为公的爱国榜样，鼓励我们为实现中华民族伟大复兴继续奋斗！

未来，大禹是我们为民谋福、天下为公的爱国动力，激发我们的家国情怀，提醒我们紧跟时代步伐，再铸中华民族新辉煌！

① 钟毓龙:《上古神话演义》,杭州:浙江文艺出版社,1985年,第1656—1657页。

主要参考文献

鲍黎明主编：《浦江大禹文化钩沉》，沈阳：白山出版社，2016年。

曹天生、朱光耀主编：《淮河文化导论》，合肥：合肥工业大学出版社，2011年。

曹尧德：《大禹传奇》，北京：华文出版社，1995年。

陈广忠译注：《淮南子》，北京：中华书局，2012年。

陈奇猷释：《吕氏春秋新校释》（上、下册），上海：上海古籍出版社，2002年。

郭二艳、王一三：《洛阳龙门石窟旅游解说系统构建研究》，《长春师范大学学报》（自然科学版），2014年，第10期。

郭庆藩撰，王孝鱼点校：《庄子集释》（下册），北京：中华书局，2012年。

郭学东主编：《蚌埠掌故》，合肥：黄山书社，2008年。

胡飞：《蚌埠涂山庙会　“泥娃娃”的艺术特征及其民俗现象研究》，《雕塑》，2008年，第6期。

江群：《酷说大禹》，合肥：时代出版传媒股份有限公司、安徽文艺出版社，2013年。

李德书编著：《大禹传》，成都：天地出版社，2020年。

李焕俭编著：《魅力涂山》，合肥：时代出版传媒股份有限公司、黄山书社，2015年。

李焕俭、吴国成编著：《禹会掌故》，合肥：时代出版传媒股份有限公司、黄山书社，2019年。

李焕俭、吴国成主编：《涂山搜玉》，合肥：时代出版传媒股份有限公司、黄山书社，2016年。

刘训华主编：《大禹文化学概论》，武汉：武汉大学出版社，2012年。

刘玉堂、李安清：《关于三苗若干问题的辨析——兼论新石器时代江汉地区居民的族属及其社会状况》，《江汉石油学院学报》（社会科学版），2001年，第2期。

邵世秋、王兴礼：《醉蟹的加工工艺》，《科学养鱼》，2010年，第6期。

沈才土主编：《公祭大禹陵》，杭州：浙江人民出版社，1996年。

史延庭编著：《国语》，长春：吉林人民出版社，1996年。

汤可敬译注：《说文解字》，北京：中华书局，2018年。

王清贵编著：《华夏人杰：大禹陵》，北京：中国大百科全书出版社，1998年。

王世舜、王翠叶译注：《尚书》，北京：中华书局，2012年。

王先谦撰，沈啸寰、王星贤点校：《荀子集解》（下册），北京：中华书局，2013年。

王秀梅译注：《诗经》，北京：中华书局，2015年。

魏国彬：《艺术可视化研究存在的问题及路径选择》，《江淮论坛》，2021年，第1期。

魏颖：《旅游语境下世界文化遗产洛阳龙门石窟本真性研究》，《信阳师范学院学报》（自然科学版），2017年，第4期。

文天译注：《史记》，北京：中华书局，2016年。

杨鲁昌：《寻根中华——被历史遗忘的东夷文化》，北京：中国文史出版社，2014年。

袁珂译注：《山海经全译》，北京：北京联合出版公司，2016年。

张光直著，刘静、乌鲁木加甫译：《艺术、神话与祭祀》，北京：北京出版社，2017年。

张文勋主编：《民族文化学论集》，昆明：云南大学出版社，1993年。

张振犁编著：《中原神话通鉴》（第四卷），开封：河南大学出版社，2017年。

赵世林：《云南少数民族文化传承论纲》，昆明：云南人民出版社、云南大学出版社，2011年。

赵镇琬主编，芋里撰文：《中国神话传说·大禹锁蛟》，北京：新世界出版社，2015年。

中国社会科学院古代文明研究中心、安徽省文化厅、蚌埠市人民政府编著：《禹会村遗址研究：禹会村遗址与淮河流域文明研讨会论文集》，北京：科学出版社，2014年。

钟利戡、王清贵辑编：《大禹史料汇集》，成都：巴蜀书社，1991年。

钟毓龙：《上古神话演义》，杭州：浙江文艺出版社，1985年。

周洪宇、俞怀宁、程继松：《文化系统论纲——文化学系列研究之二》，《华中师范大学学报》》（哲学社会科学版），1988年，第6期。

周学平、杨扬编著：《历史文化名人集》，成都：电子科技大学出版社，2018年。

后 记

虽然我一直在关注蚌埠本地的地方特色文化资源，把大禹文化作为科学研究和社会服务的特色方向在努力，但是，大禹文化的文化旅游价值却一直都很难得到地方上的认可，在社会层面也是口头上重视，实际上却很难付诸行动。可能是我的切入点不对，借助地方上的文旅实践来提升大禹文化价值的做法有点不切实际，必须要像大禹一样转变思维，由外向内，靠自力更生发展可能效果要好一点。于是，在策略上就将大禹文化从文化旅游向课程思政建设转型，由单一的文化旅游开发研究向文化旅游开发研究与课程思政建设同时推进转变。正是在这种双向兼备策略的指导下，我开始将大禹文化作为一种德育资源而不是作为文化旅游资源来思考，重点在课程思政建设上下功夫，相继申报了学校本科质量工程课程思政与思政课程专项重大教研项目“大禹地方文化资源融入思政课堂的路径研究”（acszjy2021004zd）和课程思政教学团队项目“大禹地方文化资源课程思政教学团队”（acsztd2021003）。这本《珠光闪烁 传承大禹精神》就是这两个项目的重要支撑成果。

德育的核心是怎么样讲好德育故事，让青少年或大学生喜欢上德育课程。大禹治水神话是较为宝贵的德育资源，是中华优秀传统文化较好的故事资源，非常有利于用讲故事的方式开展德育。因此，怎样讲好大禹故事，充分发挥大禹文化资源的德育价值，就是“大禹地方文化资源融入思政课堂的路径研究”所要关注的问题。从融入思政课堂的路径来看，讲故事的方法主要有传统方法和影像方法。传统方法就是纸质媒体的故事阅读，影像方法则是数字媒体的动画、影视剧、虚拟仿真演示、全景展示等。根据讲故事的方法，我们分别进行攻关，这本书主要是解决纸质媒体的故事阅读问题，为课程思政与思政课堂提供德育教材，立足点在本科生的德育路径问题；另一本主要是解决数字媒体的影像可视化问题，为课程思政与思政课堂提供实践教学模式，立足点在研究生的德育路径问题。

这本书是师生合作努力的结果。教师团队和学生团队共同合作，最终形成了以科普读物的形式来加强课程思政与思政课堂建设的德育成果。这个团队由学生写作团队和教师修改团队组成，学生写作团队由我所带的广播电视艺术专业创意策划与数字传播方向的研究生组成，教师修改团队由艺术学院“大禹地方文化资源课程思政教学团队”所有成员组成。所有教师成员都是博士或在读博士。具体分工如下：

篇章	学生写作团队		教师修改团队	
绪论			魏国彬	影视动画系教授
创业篇	从照谊	2020级广电硕士生	杨　剑	环境设计系讲师
创新篇	王　丽	2021级广电硕士生	丁　李	影视动画系副教授
自律篇	安加卫	2021级广电硕士生	张黎黎	影视动画系副教授
团结篇	朱　颖	2021级广电硕士生	许心宏	产品设计系副教授
法治篇	黄　欣	2021级广电硕士生	居　瑶	影视动画系讲师
爱国篇	宗　良	2020级广电硕士生	陈国栋	美术系讲师
插画设计	黄　欣	2021级广电硕士生	丁　幸	视传设计系助教

这本书由我负责拟定写作提纲和工作计划，然后安排研究生根据提纲查找资料，写作初稿。其中，2020级动画专业本科生高子然和陶建英等参与插画设计，黄欣同学负责线稿设计，高子然同学负责背景绘制，陶建英同学负责人物色稿。她们分工合作，数易其稿，在丁幸老师的指导下共设计54幅插画作品。初稿完成之后，再交给各位老师修改，最后由我再统筹定稿。

这本书按照文化层次结构理论与艺术可视化理论来构思整体框架。“绪论”部分就是对整本书的框架结构做理论阐述，讲清楚大禹精神是什么，是怎样产生的，是怎样流传的，未来怎样转型发展。创业篇和创新篇是从物质文化层面讲故事，自律篇、团结篇和法治篇是从行为文化层面讲故事，爱国篇是从观念文化层面讲故事。每一篇又是按照同样的逻辑结构进行安排，即物质层面的人文景观介绍（厚德载物）、行为层面的故事讲述节选（大禹故事）和观念层面的大禹精神解读（禹风厚德）。总之，可视化思维主导着这本书的逻辑体系。

本书最大的特点是重视讲故事，厚德载物和大禹故事是直接讲述故事，禹风厚德则是在理论阐释的基础之上讲述故事，而且以解读点拨为纲，以讲述故事为主，夹叙夹议，力求不枯燥，可读性强。在故事运用上，我们尽量不重复，尽可能选择不同地域的民间传说来讲述。只有在实在找不到民间传说的情况下，我们才使用历史故事或文学故事，如《上古神话演义》等。在材料的使用上，我们坚持民间传说优先的原则，尽量以民间传说来讲述、阐释大禹精神；尽量注明材料的来源和出处，尽可能做到无一字无来历。

本书的写作得到了安徽财经大学党委虞宝桃书记的鼓励、关心和支持，他多次给予指导，了解进展情况；得到了安徽财经大学马克思主义学院张斌院长的关照和重视，被纳入安徽财经大学大思政建设丛书；得到了安徽财经大学教务处经庭如处长的帮助与支持，被立项纳入学校本科质量工程建设项目；得到了安徽师范大学路丙辉教授的支持和鼓励，予以惠赐序言。在此，我们要特别感谢给予我们帮助和支持的领导们。师生团队在撰写、修改的过程中，挤出宝贵的时间，孜孜不倦，本书才得以最终完成。在此，我也一并表示感谢。

2022年6月13日，我们借自然与文化遗产日举办了艺术学院课程思政研究中心揭牌仪式，周加来副校长、经庭如处长、李超部长等出席了揭牌仪式，用行动支持我们正式成立艺术学院课程思政研究中心，我们不胜荣幸。在学校领导的重视和关注下，经过一年的建设，艺术学院的课程思政与思政课程建设成效初步显现。我们成立了研究中心，建立了研究基地，开展了项目研究。这些证明，艺术学院的课程思政与思政课程建设正在逐步深入!

路漫漫其修远兮，吾将上下而求索。大幕已经拉开，精彩即将到来。我们期待着艺术学院在课程思政与思政课程建设上即将到来的那令人瞩目的精彩!

魏国彬

2022年7月27日